EL MANEJO DEL ESTRÉS ESTÁ EN TUS MANOS

DR. LUIS ÁNGEL LÓPEZ MENÉNDEZ

KOLIMA
BOOKS

Título original: *El manejo del estrés está en tus manos*

Primera edición: Junio 2024
© 2024 Editorial Kolima, Madrid
www.editorialkolima.com

Autor: Dr. Luis Ángel López Menéndez
Dirección editorial: Marta Prieto Asirón
Maquetación de cubierta: David Visea
Maquetación: Carolina Hernández Alarcón

ISBN: 978-84-10209-20-6
Depósito legal: M-13325-2024
Impreso en España

A Luz agradezco compartir la convicción de que todo es posible y a mi familia por darme las fuerzas para intentarlo.

Son muchos los que de una u otra manera me han acompañado en la redacción de este libro, que con certeza coinciden conmigo en que agradezca de forma señalada a Nacho por su generosidad y visión estratégica.

A quienes se han unido a la noble aventura colectiva que es el avance científico, agradezco su inquebrantable convencimiento de que nuestro «plus ultra» es la actitud para acometerlo.

ÍNDICE

CONOCE EL ESTRÉS

CÓMO VEMOS EL ESTRÉS

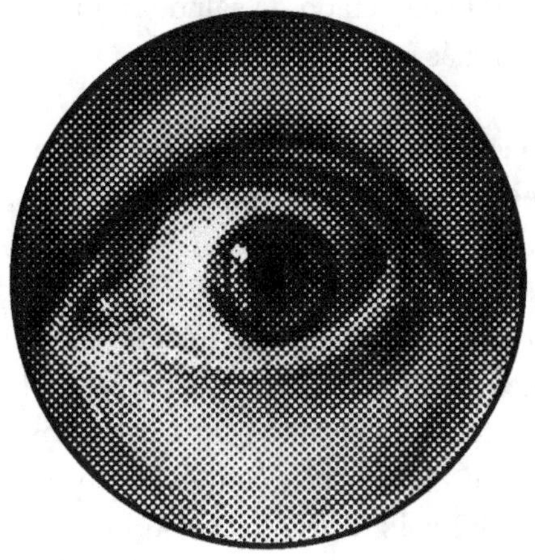

«La intensidad de la angustia es proporcional al significado que la situación tenga para la persona afectada, aunque ella ignore esencialmente las razones».

Karen Horney

«Hace tiempo que tengo estrés, sobre todo en los momentos más cruciales de mi día a día. Cuando sé que voy a tener un día complicado, me cuesta dormir y me levanto cansada. Estoy con mis hijos y la tensión hace que tenga una cara inexpresiva, una mirada ausente; ellos no paran de preguntarme si me pasa algo. Yo lógicamente les digo que no. Asisto al trabajo y acudo a la reunión prevista, pero apenas intervengo, pues los nervios me invaden. Es una desgracia. Si esto es ya de por sí muy duro, lo peor es no saber cómo evitarlo, cómo controlarlo».

Conscientes de la influencia que el estrés tiene en la vida, hemos analizado cómo lo viven las personas, gracias a la colaboración de hombres y de mujeres de diferentes edades con un buen estado de salud y también de personas enfermas, con más o menos estudios.

√ **A la pregunta ¿que es el estrés?, estas son las respuestas obtenidas más frecuentes:**

La más común es identificarlo con un estado de malestar que dificulta y empeora todo («Ya no soy capaz de hacer las cosas que hacía y acabo agotada cuando me esfuerzo por sacarlas adelante»). También es frecuente considerarlo como unas gafas de cristales oscuros que hacen que todo lo veamos más turbio, más difícil e incluso imposible. («Toda mi vida se ha vuelto ingrata, insoportable, fruto de continuos fracasos»).

La otra visión es asociarlo a experiencias personales negativas, dañinas e incluso traumáticas, consecuencia del pesado lastre del estrés. Los que comparten este punto de vista señalan que dichas experiencias negativas son imprevistas, ajenas a sus decisiones personales y caracterizadas por generar un gran sufrimiento; un grave accidente de circulación con resultado de lesiones sería un ejemplo.

Por tanto, las respuestas más comunes a la pregunta sobre del estrés señalan por una parte que es un estado personal alterado que afecta de forma negativa al funcionamiento cotidiano de la persona que lo sufre, que haber experimentado un desafortunado acontecimiento personal trae como consecuencia sufrir de estrés. Ambas aproximaciones no son excluyentes, pues de hecho se complementan para dar una descripción más completa de la naturaleza del estrés.

√ **Ante la pregunta ¿cómo influye el estrés en tu vida? es unánime considerar que influye negativamente, aunque de maneras diferentes, siendo cuatro las más comunes.**

Afirman muchas personas que el efecto más significativo que se experimenta es el impacto sobre el estado de ánimo, llevando con el paso del tiempo a la apatía e incluso a la depresión. («Levantarse por la mañana es un castigo. No tengo ganas de hacer nada de nada y sé que el día va a ser terrorífico»). Esta primera opinión se centra en el daño emocional, que como señalan no pocos entrevistados, se da con el tiempo, fruto del desgaste que causa el estrés y haciendo que el malestar continuado lleve a perder la esperanza.

El segundo bloque señala la irritabilidad como la otra consecuencia más notoria del estrés. Reacciones bruscas de enfado o rabia que, con frecuencia o siempre, carecen de un motivo que las justifique son ejemplo del descontrol que llega a generar. Estas opiniones ponen el foco en un aspecto muy importante: el estrés no solo afecta a la persona que directamente lo sufre, sino que su entorno cercano también padece sus consecuencias, de tal forma que se convierte en un problema individual y del entorno cercano.

Otra consideración común es que afecta a todos los ámbitos de la vida, dificultando la realización de las actividades diarias de la persona. Ejemplos de esto son la actitud poco participativa que se tiene en las reuniones sociales, la reducción del rendimiento por tener menos concentración, más distracciones, más errores, más conductas de riesgo.

Este tercer conjunto de opiniones se centra en el impacto que el estrés tiene sobre el desempeño personal, social y laboral, de tal forma que el proyecto de vida se pone en cuestión e incluso en peligro, lo cual se ilustra con la siguiente frase de uno de los participantes del estudio: «El avance se para, pasando a estar permanentemente dando vueltas alrededor del mismo palito».

El cuarto y último bloque de opiniones señala que el estrés acaba llevando a la dejadez e incluso al abandono personal; si ya es una seria llamada de atención la común opinión del negativo efecto que tiene sobre las actividades diarias, sus efectos de desidia, descuido de la imagen y del cuidado personal lo colocan en otro nivel. Estas opiniones dejan a todas luces un claro mensaje: nada acaba escapando a la influencia del estrés y todo ello es negativo. La siguiente frase de un entrevistado lo ilustra: «El estrés es como el fuego descontrolado, lo acaba arrasando todo».

Si se ha de plasmar en una idea lo que hay en común en las aportaciones de los entrevistados es que el estrés solo sirve para complicarnos la vida, siendo esta visión más notoria en los que padecen alguna enfermedad. Un par de ejemplos:

- Las personas con hipertensión arterial, por ejemplo, informan que cuando sufren un mareo, su nivel de estrés aumenta y su tensión arterial se altera. «Cuando siento mareos soy consciente de que no tienen que estar causados por que mi tensión arterial esté por las nubes, pero el miedo me domina. Afortunadamente tengo a mano el tensiómetro». El estrés conforma la respuesta automática que estos pacientes tienen ante molestias que racionalmente no atribuyen a su enfermedad; por tanto, si se está convencido de que la sensación de mareo no es indicativa de que la tensión arterial está descompensada, ¿por qué se dispara el estrés?

- Las personas que sufren intensos y frecuentes dolores de cabeza son otro colectivo muy susceptible de experimentar alteraciones en su nivel de estrés. La aparición de una ligera sensación de dolor dispara pensamientos de alarma; mayoritariamente afirman que les gustaría que los nervios no los atenazaran en esos momentos, ya que en nada les ayuda en su manejo del dolor. «Cuando empieza el dolor de cabeza, estoy convencida de que la medicación me ayudaría más, evitando en muchos casos acabar durante horas postrada en la cama, en silencio y a oscuras». Aunque saben que una ligera molestia no tiene por qué terminar en un dolor incapacitante, su nivel de estrés aumenta bruscamente; ¿quizás es que lo que se piensa de modo racional no influye suficientemente en el estrés?

Todas las personas hablamos con cierta frecuencia del estrés. Reflejo de esto son los numerosos términos que se utilizan asociados al estrés, lo cual según los expertos del lenguaje, es un claro ejemplo de la gran importancia que este asunto tiene para las personas. Se lo equipara a intranquilidad, nerviosismo, ansiedad, angustia, enfermedad, alteración, ahogo, sofoco, cansancio, debilidad, preocupación, miedo, confusión, desasosiego, irritabilidad, desazón, decaimiento, incertidumbre, apatía y dejadez, entre otros. Como puede observarse, todos tienen una característica común: su carácter negativo.

Si tú también quieres participar en la encuesta «qué es el estrés para mí», puedes hacerlo accediendo a ella por medio de este código QR:

Como ves, los capítulos de este libro tienen asociados distintos recursos digitales. Para ver el conjunto de dichos recursos tienes a tu disposición el siguiente enlace:

QUÉ ES REALMENTE EL ESTRÉS

«Respecto del estrés, lo primero que hay que hacer es entenderlo».

Sonia Lupien

«Salimos del hospital y vamos a casa ilusionados con nuestro primer hijo, que tanto habíamos deseado. De camino comentamos, no con dudas pero sí con cierta incertidumbre, si seremos capaces de cuidar bien de nuestro bebé, pues somos conscientes de que aun teniendo ayuda de la familia tendremos que ir aprendiendo sobre la marcha».

Para que manejes de forma eficaz el estrés no necesitas ser un experto en la materia, pero sí has de tener un cierto conocimiento sobre el tema.

Si alguien te dijera que el estrés es esencial para la vida, posiblemente pensarías que está equivocado o que no estáis hablando de lo mismo. Pero, créeme, esa persona no está errada cuando hace esa afirmación.

Como nos indica la doctora Lupien, que dirige el afamado Centro de Estudios del Estrés del hospital Douglas de Montreal, para poder manejar el estrés hay que tener un cierto conocimiento de qué es, qué factores lo modifican y cómo se puede influir sobre ellos para que el estrés que en cada momento se tenga favorezca el desempeño y el bienestar personal.

√ **Dada su notable importancia, el estrés ha venido siendo objeto de gran interés para la ciencia; se han realizado un sinfín de estudios para identificar sus características, analizar los efectos que tiene sobre la conducta humana y la salud, y establecer los métodos más eficaces para su manejo. Todo ello ha sido cuidadosamente tomado en cuenta para la redacción de este libro.**

Los primeros estudios son los realizados por el fisiólogo austriaco Hans Selye, que en la década de los 50 del siglo pasado le llevaron a afirmar que la respuesta del organismo ante una situación estresante es lo que define al estrés. Selye consideraba que dicha respuesta era siempre del mismo tipo con independencia de que las situaciones fueran diferentes; estudios posteriores han demostrado que eso no es así. La mayor aportación de este investigador ha sido la descripción del Síndrome General de Adaptación, mediante el cual detalla las fases por las que pasa una reacción de estrés. Se inicia con un aumento de la activación fisiológica (fase de alarma), que una vez alcanza su nivel máximo se mantiene durante un tiempo, mayor o menor, siempre limitado (fase de resistencia), a partir de la cual pasa a un descenso progresivo de la activación (fase de agotamiento).

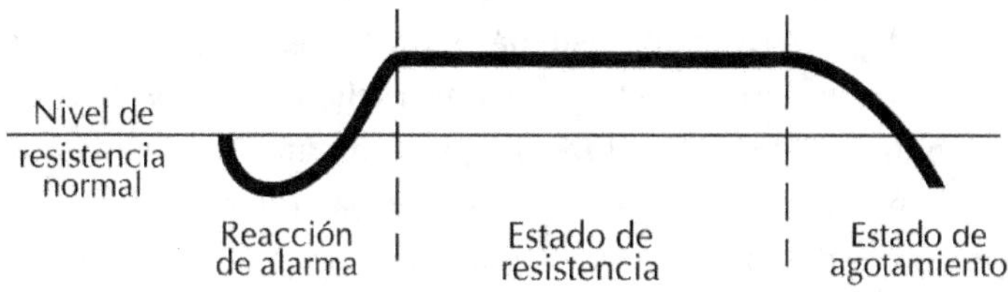

Síndrome General de Adaptación.

Conforme a este modelo, el nivel de activación fisiológica que caracteriza al estrés varía y acaba decayendo con el paso del tiempo. Luego, ¿cómo puede ser que exista el llamado estrés crónico?

En esa misma década, Walter Bradford Cannon, fisiólogo estadounidense interesado en los fundamentos biopsicológicos de las emociones, resaltó el valor adaptativo del estrés para afrontar situaciones de emergencia. Señaló la lucha y la huida como las respuestas que se dan ante una situación amenazante, las cuales tienen una base fisiológica. El comportamiento que observamos en una persona se da gracias a la activación fisiológica que tiene, que, aun no siendo visible a simple vista, es imprescindible. Conforme a su concepción del estrés, al recibir una amenaza potencial se genera en el organismo una respuesta fisiológica dirigida a canalizar todas sus energías en pos de garantizar la supervivencia. Entre las aportaciones de Cannon hay una que es especialmente relevante: la homeostasis. Indica que este mecanismo fisiológico propicia el que sistemas y funciones corporales (presión arterial, azúcar en sangre, o temperatura) alteren su funcionamiento en respuesta a cambios internos del organismo y a circunstancias externas, para acabar volviendo al estado inicial de estabilidad, lo cual hace que funcionen correctamente y se favorezca la supervivencia. Estudios posteriores verificaron que sí que se dan dichos cambios adaptativos de los sistemas y funciones corporales ante situaciones estresantes, pero que dichos cambios buscan adaptarse a ellas, de tal forma que el organismo cuente con las condiciones óptimas para afrontarlas (alostasis). Queda por tanto descartado que este proceso termine volviendo al estado inicial de estabilidad.

Numerosos investigadores en la pasada década de los 80 se preguntaban por qué una misma situación o experiencia personal era vivida como estresante por una persona y no por otra. El psicólogo norteamericano Richard Lazarus, ilustre profesor de la Universidad de Berkeley, realizó numerosos estudios que le permitieron afirmar que esta diferencia depende de lo que se piensa y cómo se cataloga el evento (peligroso, agradable, excitante...), así como de las habilidades personales de que se dispone y se ponen en práctica para afrontarlo. Para este estudioso del estrés y de su relación con las emociones, una persona vive una situación como estresora, no a consecuencia de las características que tiene, sino por las habilidades con las que cuenta para afrontarla. Por tanto, lo que se está en condiciones de hacer, y lo que de hecho se hace en cada situación que se vive, es decir, las decisiones que se toman y las conductas que se tienen ante ella, determinan el que la consideremos estresante y por tanto sea valorada de forma más negativa, o que la consideremos interesante al afrontarla adecuadamente.

El interés por los aspectos personales que influyen en el nivel de estrés que se experimenta ha sido elevado por parte de numerosos especialistas; así, el doctor José María Buceta, psicólogo español que ha centrado muchos de sus esfuerzos profesionales en la Psicología de la Salud y la Psicología del Deporte, ha estudiado tanto los efectos del estrés sobre el estado de salud y el rendimiento deportivo como las características de cada individuo que tienen influencia en el nivel de estrés que experimenta. Estas características son cuatro, y se describen a continuación. Cada una de ellas no es más ni menos relevante que las demás, puesto que su influencia sobre el estrés experimentado dependerá en gran medida del tipo de evento.

La primera es la respuesta ante la situación estresora; el manifestar enfado e irritabilidad, evitarla o analizarla de forma reflexiva influye sobremanera en cómo se va a vivir.

La forma de valorar el evento es la segunda; considerarlo amenazante, retador, excitante, injustificado o inaceptable influye en el nivel de estrés que se experimentará.

La tercera a tener muy en cuenta son las habilidades personales con que se cuenta y se ponen en práctica. Dado que la mayoría de estas situaciones se dan en un contexto de interacción social, disponer o no de las necesarias habilidades sociales modifica sustancialmente el nivel de estrés experimentado. Otra habilidad muy relevante es la capacidad que la persona tiene para manejar su nivel de estrés.

√ **Este es el *leitmotiv* que impulsa a la redacción de este libro, que es poner a disposición de los lectores un procedimiento basado en la evidencia científica que de forma asequible permita a cualquier persona potenciar su capacidad de manejo del nivel de estrés que tiene.**

Es decir, potenciar su capacidad de modificación de su nivel de estrés en función de las características de las situaciones que vive y del desempeño que desea obtener.

El cuarto y último factor a tener en cuenta es el apoyo social. Es decir, las interacciones sociales que se tienen y las ayudas de asistencia y cuidado que se reciben. Respecto de estos apoyos suele distinguirse entre los de tipo instrumental o material (que te lleven en coche o te den dinero) y los de tipo emocional o afectivo (ser escuchado o tener compañía). Curiosamente, no es el apoyo social del que objetivamente dispone la persona el que influye en la intensidad del estrés que una situación le produce; es la percepción del apoyo que está recibiendo por parte de otras personas lo que sí tiene un efecto moderador del estrés que experimenta. Sentirse querido o ayudado protege más del impacto del estrés que tener un círculo social más amplio o recibir ayuda de más personas.

√ **El conocimiento acumulado a lo largo de décadas de investigación ha hecho que actualmente el estrés se considere como la respuesta fisiológica que se da ante cada situación que se vive, el cual puede modificarse por la actitud que la persona tiene hacia la situación y por las decisiones que tome ante ella.**

Por ello, el uso del término estrés con frecuencia se sustituye por el de nivel de activación, que permite describir mejor este proceso. Así, la Organización Mundial de la Salud lo define como «el conjunto de reacciones fisiológicas que preparan al organismo para la acción».

El estrés es parte esencial de la vida de toda persona y la acompaña en cada cosa que hace, ayudándola o no en función del grado de adecuación (ajuste o desajuste) de su nivel de activación a las exigencias del evento. Somos conscientes de que poder conciliar el sueño y ser capaces de estar concentrados al estudiar requiere de diferentes niveles de activación, a pesar de lo cual no siempre hacemos lo oportuno para facilitar este. Asimismo, no somos conscientes de la mayoría de los cambios que en el nivel de activación experimentamos a lo largo del día.

Los avances de la biotecnología han permitido observar que, ante cada actividad o situación que se vive, el nivel de activación fisiológica y el estado del procesamiento cognitivo cambian. Los estudios indican que ambos cambios se dan de forma consecutiva, no simultánea. Por una parte, y conforme a las características de la situación, es el cerebro quien da el primer paso, acondicionando el nivel de activación fisiológica del organismo, y esto lo hace de forma autónoma y no consciente para el individuo. Seguidamente será la actitud que tiene la persona hacia dicha situación y las decisiones que tome lo que modificará o no el nivel de activación previo. Estos dos procesos constituyen el motivo por el cual dos personas diferentes, ante la misma situación, tienen niveles diferentes de activación, es decir, niveles diferentes de estrés. Para ilustrarlo veamos la siguiente situación:

En la sala hay más de cien personas, cada una sentada ante una mesa individual. Tienen el examen que han estado preparando durante largo tiempo. Si quieren rendir en esa prueba necesitarán haber estudiado previamente, aunque esto no es suficiente; al iniciar el examen, y durante todo él, precisarán de una activación fisiológica de nivel alto que potencie los procesos de memoria, concentración, procesamiento de la información y toma de decisiones, entre otros. Para ello sus cerebros harán que aumente el nivel de activación de los mismos, el cual a su vez se verá afectado por las actitudes que cada persona tenga durante el desarrollo del examen. Si se esfuerza por mantener su atención en la prueba que ha de realizar, su nivel de activación se mantendrá alto y esto lo ayudará. A quienes se sientan invadidos por pensamientos y emociones de miedo al fracaso se les disparará el nivel de activación, lo cual los perjudicará. Las personas convencidas de que no tienen posibilidad alguna de aprobar mantendrán un reducido nivel de activación. Tanto en el caso de que el nivel de activación sea excesivamente alto como si es inadecuadamente bajo, su rendimiento en el examen decaerá.

Ahora el examen ha concluido; es el momento de que el cerebro active el proceso de recuperación de toda la energía consumida y haga que se reduzca el nivel de activación para facilitarlo. El cerebro, de forma automática y no consciente, reducirá el nivel de activación; la persona se relajará y podrá, llegado el momento, conciliar el sueño. También este proceso de recuperación se ve influido por lo que la persona piense o haga; si tras el examen y de vuelta a su casa se afana durante horas por comprobar si las contestaciones que ha dado en el examen son correctas, enfadándose y recriminándose ante cada uno de los desaciertos que haya tenido, su nivel de activación difícilmente se reducirá, impidiendo que se active su proceso de recuperación, y llegado el momento tendrá dificultades para descansar.

Continuamente vivimos situaciones vitales diferentes, unas que requieren altos niveles de activación fisiológica y procesamiento cognitivo (jugar un partido de tenis, dar una conferencia, hacer *footing*) y otras que por el contrario precisan de que estos niveles sean más bajos (leer un libro, conciliar el sueño). Tu organismo está programado para ayudarte en ese proceso de acomodación de tu nivel de activación, que tu conducta, tus pensamientos y tus emociones tienen la posibilidad de favorecer o interferir en él. Veamos un ejemplo.

Todos somos muy conscientes de que es de vital importancia, al conducir un coche, que la velocidad se acomode a las condiciones de la carretera, y para ello es esencial por ejemplo el uso adecuado del acelerador y el freno. Si la velocidad del coche solo depende de la prisa que tenga el conductor, la seguridad de la conducción puede verse reducida. Por el contrario, si el conductor tiene prisa pero considera que es importante llegar al destino sin tener incidente alguno, la seguridad de la conducción aumentará. Aplicado este ejemplo al estrés, se ha de conseguir que el nivel de activación del organismo se acomode en cada momento a las características de las situaciones vitales, a los objetivos personales, al cuidado de la salud y del bienestar personal; por tanto, es necesario que el nivel de activación fisiológica y de procesamiento cognitivo vayan cambiando de forma funcional y adaptativa conforme cambien las situaciones que se viven.

√ **La doctora Sonia Lupien señala que «el estrés no es malo, puesto que sin él no estaríamos vivos».**

Gracias a sus estudios ha identificado las 4 características de una situación que influyen para que sea considerada como estresante:

1. Que sea novedosa y por tanto desconocida; ante un evento que no se ha vivido anteriormente siempre se genera un cambio brusco en el nivel de activación de la persona.
2. La imposibilidad de predecir cuándo se va a presentar dicha situación es el segundo factor disparador; la incertidumbre que la imprevisibilidad genera incrementa el impacto estresante del evento.
3. Que la persona tenga la sensación de que no dispone de medios para manejar la situación; es decir, que no sabe cómo afrontarla.

4. Que la situación ponga en cuestión e incluso amenace el estado personal o la imagen social de la persona; si causa un daño en el nivel de bienestar y en la autoestima o el prestigio social será percibida como estresante.

El doctor Buceta hace una interesante descripción de las características que tiene una situación para hacerla estresora: tener un impacto significativo en la vida de la persona, ser desconocida o de resultado incierto, causar sufrimiento, malestar, o al menos no ser gratificante. Ante situaciones de este tipo la persona sí es consciente de que se altera su nivel de activación. En el resto de eventos vitales, que son la mayoría, no percibe los sutiles cambios que se dan en su nivel de activación fisiológica ni tampoco tiene ningún pensamiento específico relacionado con ellos.

Estos factores descritos por la doctora Lupien y el doctor Buceta se dan tanto en eventos negativos como en aquellos que pudieran catalogarse de positivos, como por ejemplo tener un nuevo hijo; se dan asimismo en aquellos cuyo origen es de carácter interno (dolor en el pecho en una persona que ha sufrido un infarto) o externo al individuo (recibir críticas).

El doctor George Everly, psicólogo y profesor de la prestigiosa Facultad de Medicina de la Universidad Johns Hopkins de Baltimore, se ha venido interesando tanto por la resiliencia humana como por determinar la variedad de situaciones que pueden ser consideradas como estresantes, que considera son de dos tipos. Unas son las causadas por estresores que denomina biogénicos, que causan un daño físico o constituyen una amenaza para la supervivencia del individuo. Ejemplo de estos son la exposición a muy bajas temperaturas o a un accidente que genere un traumatismo severo y peligro vital. Toda persona que experimenta este tipo de situaciones las considerará estresoras. Estos eventos estresores biogénicos, aun siendo poco frecuentes en la vida, tienen un gran impacto en quienes les experimentan. El otro grupo de situaciones estresoras son las psicosociales, cuyo efecto concreto dependerá en gran medida del estado psicológico que tenga en ese momento la persona y de la actitud que manifieste hacia la situación; acudir a un juicio a declarar o tomar la iniciativa para hablar o recibir una crítica son actividades que pueden realizarse sin excesivos niveles de estrés o, al revés, con un estrés asfixiante. Este tipo de eventos psicosociales están presentes de forma mayoritaria en el día a día de las personas.

El estrés es más que una experiencia personal; es una característica de los seres vivos y por tanto también de la especie humana. Durante miles de años el cerebro humano ha evolucionado, especializándose en ayudar al individuo a sobrevivir en un medio hostil que ponía en peligro su supervivencia.

√ **El estrés es un recurso fruto del sofisticado proceso evolutivo.**

Tomando en cuenta la clasificación del Dr. Everly, la evolución ha adaptado el cerebro, sobre todo para hacer frente a situaciones estresantes de tipo biogénicas. El problema es que dichas situaciones hoy en día no son las que una persona experimenta con frecuencia. El cerebro te ayuda, y asimismo tú has de ayudarlo para que acondicione su nivel de activación a las características de las situaciones que vives.

Como es notorio, hoy en día son las situaciones psicosociales de carácter estresante las que con frecuencia vivimos y hemos de afrontar; cada una de estas, aun generando menores niveles de estrés que las biogénicas, por su frecuencia y reiteración pueden llegar a producir altos niveles de estrés, tanto por el efecto acumulativo que su repetición conlleva como por que lleguen a bloquear o dificultar el necesario proceso de recuperación de la energía gastada. Veamos un ejemplo que lo ilustra.

«Me despierto con la sensación de no haber descansado bien y con el tiempo justo para prepararme y lograr que los niños se levanten, se vistan, desayunen, en síntesis, que se preparen para ir a la escuela. Los llevo al cole, y de camino los atascos hacen que acabemos llegando tarde. Me dirijo a la oficina, donde tengo que presentar en menos de media hora un informe, que por cierto no tengo del todo terminado. Acabada la reunión, y a modo de descanso, tomo un café; de seguido me centro en los numerosos expedientes que tengo que tener revisados para última hora de la mañana. Estas han sido mis últimas seis horas; no he tenido un evento sumamente grave que justifique que se tenga que disparar mi nivel de activación, mi nivel de estrés. He realizado numerosas actividades de forma encadenada y de forma progresiva ha ido aumentando mi nivel de activación sin que haya tenido un momento para la recuperación. A última hora de la jornada de trabajo siento varias molestias fruto del estado de estrés agudo que tengo».

√ **Una persona llegará a tener estrés agudo cuando mantiene altos niveles de activación fisiológica durante un tiempo prolongado.**

Hay circunstancias en las que con mayor frecuencia se da este desajuste o desregularización de los niveles de activación fisiológica.

Unas de ellas es haber sufrido un evento muy traumático, como por ejemplo una agresión, un grave accidente, la pérdida de un familiar o un serio revés económico, lo que genera un aumento significativo del nivel de activación fisiológica, que con el paso de las horas no solo no disminuye sino que aumenta, pudiendo dar lugar al estrés crónico.

También se crea estrés agudo al experimentar situaciones que no son tan sumamente estresantes pero que, como se repiten con frecuencia, tanto viviéndolas como recordándolas, causan un progresivo aumento del nivel de activación fisiológica, o estrés acumulativo.

«Estoy acabando de desayunar y recibo un mensaje de la oficina: se adelanta la reunión de departamento. Salgo de casa y voy al trabajo tan deprisa como puedo. Voy conduciendo y oigo que estoy recibiendo mensajes en el móvil que no puedo atender; luego lo haré. Una vez en la oficina y de camino a la reunión, voy saludando a quien me voy encontrando y reviso los mensajes que tengo en el móvil; nada más acabar la reunión tengo que ponerme con un expediente que es urgente que revise.

Durante la reunión se me viene a la mente que recibí un encargo urgente que he de atender. En la reunión se me notifica que con urgencia he de revisar un expediente con el que no contaba. Ya en mi despacho intento decidir de qué asunto encargarme primero; me pongo con aquel que creo más urgente. Recibo una llamada con información complementaria del expediente que aún no he empezado a revisar que me obliga a interrumpir la tarea que estoy realizando para anotar los datos que me aportan. Continúo con el trabajo, pero dejando sin acabar un expediente y empezando con otro. Recibo otra llamada respecto del otro expediente. Esta situación se repite varias veces. Tras cada interrupción me lleva un buen tiempo volver a concentrarme en la tarea que estaba ejecutando. Al final de la jornada me siento muy estresada y sumamente cansada».

«Me encargo de revisar la pantalla del escáner de los equipajes del aeropuerto. Es una tarea de muchísima responsabilidad, en la que he de estar muy concentrado durante largos períodos de tiempo. A medida que va pasando el tiempo más me cuesta no perder detalle de lo que aparece en la pantalla y he de esforzarme mucho para mantener la atención. Tengo miedo de fallar y no ver un objeto que tenga que detectar».

Tensión muscular excesiva, taquicardias, episodios de sudoración, dolor estomacal, pensamientos catastrofistas o de autoculpabilización, irritabilidad, falta de concentración, cansancio son, entre otros, síntomas característicos del estrés agudo; si se prolonga durante un largo periodo de tiempo con frecuencia da lugar a estrés crónico, con el cual la persona, siendo bastante consciente de las alteraciones de carácter mental y emocional que padece, apenas se percata de las alteraciones de su estado fisiológico.

Haber sufrido una experiencia vital de carácter traumático que conlleva un peligro evidente para la integridad física o mental, o incluso riesgo vital, genera altos niveles de estrés que generalmente se mantienen durante largos períodos de tiempo. La experiencia de sufrir un grave accidente de coche en el que nítidamente se haya sentido que podía perderse la vida o que ha conllevado graves lesiones es algo que no se olvida en breve. Tras el accidente las imágenes y los recuerdos vividos en esos momentos vienen una y otra vez a la mente; la inundan e invaden de forma tan impetuosa que se hace muy difícil ponerles freno. Cada vez que estos recuerdos son revividos, el nivel de estrés vuelve a dispararse, sucediéndose durante cientos o miles de veces al cabo del día; incluso se repiten durmiendo en forma de pesadillas. Cada vez que se revive el accidente, el nivel de estrés que se experimenta no es menor que en la anterior ocasión; por el contrario, cada vez que el recuerdo traumático invade la mente, el estrés que se sufre es mayor, pudiendo llegar a convertirse en estrés crónico.

Ejemplo de estrés crónico es el que acompaña al llamado Trastorno de Estrés Postraumático. Este trastorno empezó a tenerse en cuenta tras la Segunda Guerra Mundial. Durante la guerra se atribuyó al general Patton el haber abofeteado a soldados, que experimentaban las consecuencias de este trastorno, acusándolos de débiles o de simular estar enfermos, lo que demuestra nula sensibilidad al sufrimiento de sus soldados, que hasta entonces habían seguido las decisiones del mando a rajatabla en el campo de batalla. Rememorar la situación traumática, evitar situaciones que la recuerdan, nerviosismo, irritabilidad, dificultades para dormir, problemas de concentración y alteraciones del estado de ánimo caracteriza el Trastorno de Estrés Postraumático.

√ **El estrés agudo y el estrés crónico causan gran sufrimiento personal y dañan muy sustancialmente la calidad de vida. La buena noticia es que se puede aprender a manejar el nivel de activación fisiológica a fin de regularla, y con ello reducir el estrés agudo y prevenir el estrés crónico, para, con todo ello, facilitar mejoras en el rendimiento y el bienestar personal.**

Para la autoevaluación del nivel de estrés experimentado puedes acceder a la Escala de Estrés Percibido con ayuda de este código QR:

CÓMO SE MANIFIESTA EL ESTRÉS

«Conocer a un hombre y saber lo que tiene en la cabeza
son asuntos distintos».

Ernest Hemingway

«Qué difícil es entender el comportamiento de una persona; la ves comportarse de una manera y esperas que en otra ocasión similar su conducta sea la misma, y no es así. Yo creo que ante las mismas cosas reacciono siempre igual, aunque ya me ha pasado que algún conocido me ha dicho que mi conducta le ha resultado inesperada. Qué difícil es entender a las personas y qué bueno sería conocerlas mejor; cuántos enfados y malentendidos se podrían evitar».

Las personas se comportan en numerosas ocasiones de modos de todo punto inesperados, llegando a ser capaces de hacer aquello que ni ellas mismas se imaginaban. Seguro que en alguna ocasión no has dudado en pensar e incluso afirmar que una persona, por «su manera de ser», debería comportarse de una manera concreta en tal situación y te has llevado la sorpresa de no haber acertado.

Es frecuente que al observar a alguien su comportamiento sea etiquetado con calificativos sobre la propia persona («es muy obsesiva», «es una persona inconsciente»), es decir, con interpretaciones generales que identifican mal y describen peor lo sucedido, y en nada sirven para orientar sobre el camino a seguir para cambiar.

Las preguntas son: ¿se puede entender la conducta humana, o al menos saber razonablemente por qué las personas se comportan como lo hacen?, ¿qué es lo que mueve el comportamiento humano? y ¿por qué una conducta se da una vez y no vuelve a repetirse o, por el contrario, se manifiesta con frecuencia?

√ **Es indudable que la conducta humana es compleja, aunque no complicada; la psicología ha dedicado grandes esfuerzos a desentrañar sus claves.**

Para tu espanto particular, que por cierto comparto, te informo de que durante más de cien años varios estudiosos del comportamiento humano, que contaban entonces con prestigio y reconocimiento, se empeñaron en que creyéramos que las personas no tienen capacidad de autocontrol de sus actos, y que por tanto no pueden hacer nada efectivo para cambiar su comportamiento. Dos siglos atrás imperaba la creencia según la cual el carácter, la personalidad y la conducta del individuo se ven determinados por la tenencia de ciertos rasgos anatómicos, sobre todo de la cabeza y en especial del cráneo; si se poseían esas características físicas la persona solo podría comportarse de una forma concreta y por tanto nada se podía hacer: se nacía buena persona o delincuente.

Evidentemente esta visión no científica de la conducta humana está hoy absolutamente desechada, aunque con frecuencia se oyen reminiscencias de ese planteamiento erróneo («...debe ser usted consciente de que es una persona nerviosa»), lo cual solo sirve para animar a las personas a creer que cada uno es como es y no puede cambiar, algo absolutamente falso.

√ **Cada persona puede mejorar su comportamiento en las situaciones que vive, y el primer paso para ello es conocer su conducta y los factores que la promueven.**

Esta visión de considerar que el comportamiento está controlado por fuerzas inmanejables y ajenas a la voluntad del individuo fue planteado de nuevo a lo largo del primer tercio del siglo pasado; conforme a ello serían el inconsciente o los instintos reprimidos los que dirigirían la conducta, la cual, por tanto, sería más deudora del pasado del sujeto que de su comportamiento actual, de sus objetivos y del esfuerzo que ponga por lograrlos.

Al final la ciencia puso luz y rigor en esta cuestión. Tras treinta años de denodado esfuerzo que permitió entender de forma objetiva el comportamiento humano, la psicología científica, en la década de los sesenta, aporta el Análisis Funcional del Comportamiento, que hoy en día sigue siendo piedra angular del estudio del comportamiento. Encabeza este avance científico el psicólogo austriaco Frederick H. Kanfer, que también será un reconocido especialista en autorregulación y autocontrol. Por tanto ahora ya está científicamente claro: la conducta humana está influida por factores externos al individuo, pero también depende de la persona.

Es la vida que se está viviendo en el presente la que tiene interés y utilidad de ser analizada en detalle y conocida, pues en ella están las claves que se han dar para la mejora del funcionamiento personal y del bienestar. Para ello se han de revisar tanto el comportamiento concreto como sus antecedentes y consecuencias.

Antecedentes →	Comportamiento →	Consecuencias
Situación	Conductas	Refuerzos (positivos o negativos)
Estado personal	Manifestaciones fisiológicas	Emociones
Experiencias previas	Pensamientos	Cambios en el estado personal
Habilidades y competencias		Decisiones
Actitudes		

Situación es el contexto en que se realiza el comportamiento, el cual claramente le influye. Seguro que has oído decir, o has dicho, en alguna ocasión: «Es asombroso cómo una misma persona, en distintos sitios, se comporta de forma tan diferente que parece personas diferentes». No es extraño que en casa y en el trabajo, en similares situaciones, no nos comportemos igual; también es frecuente que con los padres y abuelos los niños no muestren similar conducta. A lo largo de la vida cada situación tiene para cada individuo un significado, el cual influye en el comportamiento que él tiene en ese contexto.

Los acontecimientos que está viviendo una persona tienen un impacto significativo en su comportamiento y pueden ser generadores potenciales de estrés. Muy interesados en esta cuestión, los psiquiatras Thomas Holmes y Richard Rahe en la década de los sesenta revisaron más de 5.000 historias clínicas, llegando a identificar 43 acontecimientos vitales que ordenaron de más a menos en generadores de estrés y causantes de daño a la salud.

En el listado hay acontecimientos negativos y también otros de carácter positivo. Entre los negativos sobresalen los relacionados con la relación matrimonial, como el fallecimiento del cónyuge, el divorcio y la separación matrimonial; sufrir una lesión o caer enfermo, ser despedido del trabajo o tener problemas legales son situaciones negativas que también son generadoras de estrés. Asimismo hay experiencias de carácter positivo causantes de estrés; de este tipo en el listado aparecen el matrimonio, la jubilación, el embarazo, las vacaciones y las Navidades. Con los resultados de este estudio, Holmes y Rahe crearon el test que lleva su nombre, que hoy en día se utiliza como predictor del estado de salud.

Lo habitual es que no se sufra estrés agudo en toda situación que se viva, ni durante la realización de cualquier actividad. Es muy valioso identificar esos contextos concretos, determinando el lugar, la hora del día, las personas presentes o la actividad que se está llevando a cabo, que disparan especialmente de forma inadecuada el nivel de activación. Esto es de gran ayuda para conocer mejor cómo nos afecta el estrés agudo y así ser más efectivos en las medidas a adoptar para su manejo y control.

Las situaciones que desregulan el nivel de activación hacen que el estado personal sea cada vez menos adecuado para el óptimo desarrollo de una actividad. Así por ejemplo, que se tengan interrupciones constantes en lo que se está haciendo, como resultado de verse obligado a hacer temporalmente algo diferente, altera la activación fisiológica y con frecuencia daña la calidad de la tarea que inicialmente se realizaba.

√ **Sí, el contexto modula el comportamiento, aunque no lo hace de igual manera en cada persona, puesto que hay ciertas características personales que influyen de forma determinante; estas son el estado de activación fisiológica que en ese momento se tiene, el disponer o no de habilidades y competencias personales útiles para tener el buen desempeño y la actitud que se posee hacia la situación.**

El nivel de activación fisiológica que se tiene cuando se afronta cada evento vital condiciona el desempeño; estar excesiva o escasamente activado para lo que la situación requiere en nada ayuda al funcionamiento personal. Si se está activado en exceso con frecuencia se experimentarán episodios de impulsividad, irritabilidad y déficit del control de la propia conducta; a su vez la persona, cuando experimenta una activación escasa, tiene que poner altas dosis de sobreesfuerzo para ser capaz de un desempeño al menos aceptable, con la esperable aparición del cansancio y la incapacidad para mantener el efectivo desarrollo de la tarea que está realizando. Por ello es tan valioso tener la habilidad del manejo del nivel de activación fisiológica y del procesamiento cognitivo, a fin de ir modulándolo y adaptándolo a las situaciones y así facilitar el logro de los objetivos personales a alcanzar.

Ostentar habilidades y competencias personales como las antes indicadas influye decisivamente en el comportamiento que se tiene. Así, es determinante disponer de un adecuado repertorio de habilidades sociales que faciliten poder elegir la conducta social más idónea para la interacción que se esté manteniendo; la ausencia de dichas habilidades hará que se reaccione siempre de similar manera ante las diferentes situaciones sociales, con el resultado de que a veces la conducta social sea inadecuada. Otra de las consecuencias positivas de un comportamiento social exitoso es aportar vínculos que faciliten disponer del inestimable apoyo social y su beneficioso efecto sobre el bienestar personal.

El último factor personal indicado que modula el comportamiento son las actitudes que se tienen hacia las situaciones que se viven o se van a vivir. Cuando una persona se ve de forma inesperada en un entorno hacia el cual siente temor, incluso siendo consciente de que este es desagradable aunque en ningún caso dañino, se le disparan actitudes y emociones negativas que dificultarán el que se enfrente a la situación, llegando incluso a bloquear el uso de recursos y habilidades personales que le hubieran sido de ayuda.

√ **Con frecuencia, saber con antelación que se va estar en un contexto que se considera indeseado genera actitudes anticipatorias de malestar que suelen exagerar el carácter aversivo que el evento pueda tener.**

Se ha cuidar de no confundir lo que se siente en las situaciones que se viven con la naturaleza real de las mismas, a fin de no categorizar las experiencias personales en buenas y malas, deseables e indeseables, y que esto conduzca a encajonar la vida en situaciones que me permito vivir y aquellas que no acepto experimentar.

El segundo elemento para entender y explicar la conducta humana es el propio comportamiento y sus particulares características. El comportamiento no solo es el observable, es decir, lo que vemos que la otra persona hace: habla cuando se le pregunta o por el contrario no contesta, fuma más cuando se siente nervioso o no, bebe más alcohol en períodos en que tiene más estrés o no lo hace, contesta de forma airada cuando se le contradice o no. También se han de tener en cuenta otros comportamientos que no son visibles a simple vista, como los pensamientos y las emociones, de los cuales ha de informarnos el propio sujeto. Los pensamientos y las emociones también son comportamiento. El estado de activación fisiológica del organismo del individuo forma parte asimismo de su comportamiento; su particularidad es que solo puede observarse y medirse mediante el uso del aparataje correspondiente. Por tanto un comportamiento es el resultado de 4 componentes, que interaccionan entre sí de forma estructurada.

El comportamiento tiene varios componentes, los cuales interactúan y se influyen entre sí, de tal manera que las interacciones que unos tienen con los otros se dan conforme a una dinámica estructurada y conocida gracias al estudio científico. Mejorar el comportamiento para incrementar el bienestar personal no es solo fruto de cambiar nuestros pensamientos, como habitualmente se piensa; es esencial tanto la intervención de los otros componentes como que este proceso se realice de forma ordenada. Lo importante para mejorar el bienestar personal es tomar buenas decisiones, apoyadas en bases rigurosas y no en simples opiniones.

Conocer el comportamiento de uno mismo o de otra persona es clave para conocerse y para conocerla, y para ello hemos de hacernos las siguientes preguntas: ¿qué hace?, ¿cómo es su estado fisiológico?, ¿qué piensa? ¿qué emociones tiene en las situaciones que vive? ¿y esto qué consecuencias tiene? Observar cómo se repite, o no, a lo largo del tiempo un comportamiento concreto cada vez que se presenta una situación, y si progresivamente aumenta o disminuye en frecuencia e intensidad, ayuda a entender el comportamiento de uno mismo o de otra persona. Afortunadamente no somos máquinas ni programas informáticos cuyo funcionamiento se pueda prever y esperar que sea el mismo en iguales condiciones.

Las personas tendemos automáticamente a mantener aquel comportamiento que nos supone mayor gratificación o menos esfuerzo, haciendo ojos ciegos a nuevas posibilidades. Pararte a revisar con detalle el comportamiento que tienes en las situaciones que vives e identificar las consecuencias del mismo te da la oportunidad de tomar de nuevo las riendas de tu vida y favorecer cambios que redunden en el logro de tus objetivos personales y en tu bienestar.

«Los nervios me atenazan de tal manera cuando estoy con amigos, que parezco mudo. Entonces me tomo una copa y el bloqueo desaparece; me vuelvo la alegría de la fiesta, aunque a veces también he hecho el ridículo».

«Necesito dormir bien, descansar, para al día siguiente rendir en el examen. Me gustaría estudiar un poco más, pero ya es tarde y sé que he de tener la cabeza despejada un buen rato para poder conciliar el sueño».

«Observo que hago más caso a mi hijo cuando se comporta mal que cuando se está portando bien. Me indican que cambie las tornas y lo he hecho; mi hijo cada vez se comporta mejor».

En los siguientes capítulos se analizan cada uno de los componentes del comportamiento humano, puesto que entenderlos y saber cómo interactúan entre ellos es fundamental para entenderte a ti mismo y avanzar en la dirección deseada.

Asimismo, y a fin de mejorar el conocimiento que tienes del impacto que te generan diferentes eventos estresantes, tienes a tu disposición la Escala de Holmes y Rahe de Acontecimientos Vitales Estresantes; puedes acceder a ella con ayuda del código QR que tienes a continuación. Si la cumplimentas es más que probable que sus resultados te puedan sorprender y seguro que te serán de utilidad:

RESPUESTAS FISIOLÓGICAS AL ESTRÉS

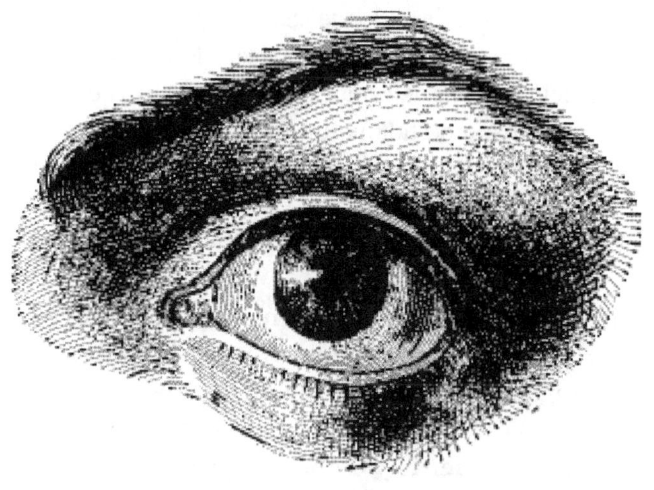

«Lo esencial es invisible a los ojos».
El Principito, Antoine De Saint-Exupéry

«No soy capaz de entender por qué, cada vez que recibo una carta certificada, siento tensión en el pecho y opresión en la garganta; en ese momento me cuesta respirar y mi corazón palpita con fuerza. Con manos temblorosas abro la carta y la leo apresuradamente. No me trae malas noticias; de hecho no recuerdo haber recibido más que una o dos cartas certificadas que me hayan dado un serio disgusto».

A continuación vas a encontrarte con alguna palabra que se utiliza para denominar componentes del sistema nervioso; podrás comprobar que quienes empezaron a usarlas las eligieron con sumo gusto e incluso con un exquisito lirismo poético. Veamos, a modo de ejemplo, el tálamo, una estructura cerebral donde se une la información recibida de cada uno de los órganos sensoriales para conformar la percepción global de cada experiencia. Quizás el término haya sido tomado de tálamo nupcial, donde los amantes se unen compartiendo sus afectos y emociones, que dan lugar a la experiencia amorosa; no en vano tálamo viene del latín *thalamus,* que significa habitación.

√ **Las palabras son importantes, pero lo útil es conocer y entender el mecanismo fisiológico que da lugar al estrés en cada experiencia que vives, además de comprender cómo influye en nuestro comportamiento y bienestar personal.**

El comportamiento es resultado tanto las conductas de las que somos conscientes, es decir, lo que hacemos, lo que pensamos y las emociones que sentimos, como de las reacciones fisiológicas que por su naturaleza no son percibidas conscientemente. Como veremos, podemos no ser conscientes de la actividad fisiológica que se tiene, pero esto no significa que no sea determinante para el estado personal.

Numerosos investigadores, entre ellos Rollin McCraty, afamado psicofisiólogo y profesor de la Universidad Atlántica de Florida, han analizado la rapidez de reacción del corazón y el cerebro al experimentar una situación estresante. El doctor McCraty en sus estudios monitoriza la actividad cardíaca y cerebral de los participantes, al tiempo que estos reciben estímulos tanto de carácter agradable como desagradable. Los datos recogidos dejan claro que ante la presencia de un nuevo estímulo el corazón reacciona más deprisa que las áreas cerebrales responsables de la toma de decisiones conscientes. Asimismo observa que la reacción cardíaca es diferente en función de las características del estímulo. Por tanto, tu organismo reacciona ante un estímulo antes de que seas consciente del mismo; tu sistema nervioso autónomo, y la actividad cardíaca como parte integrante de este, está permanentemente vigilante de todo lo que te sucede a fin de reaccionar ante ello.

Tomando estos resultados, pensemos en la reacción del conductor de un coche ante la brusca reducción de velocidad del vehículo que tiene delante: afortunadamente reacciona antes de que llegue a ser consciente del incidente que está viviendo. Es esta rápida reacción la que hace que conductas necesarias, como quitar el pie del acelerador y pisar el freno, se realicen con máxima inmediatez, y por tanto de forma rápida y automática. ¿Qué sucedería si el conductor tuviera que esperar a darse cuenta de lo que le está sucediendo, para a continuación decidir la respuesta más adecuada? Efectivamente, el golpe con el vehículo de delante sería inevitable. Por tanto, nuestro sistema fisiológico no solo nos mantiene vivos, sino que también nos ayuda a sobrevivir ante las situaciones que vivimos.

√ **El mecanismo que tenemos de activación y desactivación de la actividad fisiológica es resultado de miles de años de evolución y su objetivo es facilitar la supervivencia; para ello el organismo cuenta con sistemas que intervienen en la reacción que el individuo tiene ante los distintos eventos que vive.**

Ante una nueva situación, cada uno de los órganos sensoriales (vista, oído, olfato, gusto, tacto y autopercepción) recoge información de las características de la misma (paso 1); todas ellas son enviadas al tálamo, que se encarga de agruparlas y dar forma a la imagen del evento, configurando la percepción global que se tiene del mismo (paso 2). Esta imagen es enviada al hipocampo (paso 3) y compartida con la amígdala (paso 4). Estos dos órganos se encargan de generar la reacción rápida y automática que inicialmente se da ante la situación, la cual no es azarosa o improvisada, sino que está basada en experiencias previas que la persona ha vivido en situaciones similares. Para ello, y en primer lugar, reconocen la percepción global de la situación presente, comparándola con las huellas que en la memoria han dejado otras similares previamente vividas. Dado que en la memoria se guardan los acontecimientos vividos, archivándose cada evento asociado a la respuesta que se ha tenido ante él, la reacción rápida y automática generada ante la nueva situación estará en consonancia con la que se tuvo ante otras similares en anteriores ocasiones. En el siguiente y último paso (paso 5), el área prefrontal de la corteza cerebral recibe información de la situación y en ese momento la persona se hace consciente del evento que se le ha presentado, tomando decisiones sobre lo que considere oportuno hacer para afrontarla, y con ello mantener o modificar la reacción rápida y automática inicial.

Esta red cerebral tiene a su disposición un plan A, B, e incluso C para generar la activación fisiológica que se requiera en función de las características de la situación que se ha presentado, del estado de la persona en ese momento y las decisiones que tome. Veamos.

Ante un evento estresante que aparece de forma brusca, estando la persona con una baja o moderada activación fisiológica, la red hace uso de forma automática del plan A o eje I (neural), activando el sistema nervioso autónomo simpático, que genera varias manifestaciones: aumento de la frecuencia respiratoria, del ritmo cardíaco, de la presión arterial y de la disposición de glucosa; asimismo se activa el sistema nervioso periférico, incrementando la tensión muscular. El organismo está por tanto preparado para reaccionar ante la situación presentada, aunque esta activación del sistema nervioso autónomo simpático y del periférico puede mantenerse durante un tiempo limitado no superior a los 20 a 30 minutos, a partir del cual decae la activación fisiológica con la intervención del sistema nervioso autónomo parasimpático, haciendo que los órganos que se han activado (corazón y pulmones entre otros) normalicen su actividad y se favorezca la recuperación de la energía consumida.

La activación de este eje I no da lugar a problemas de salud, salvo que la persona ya sufra alteraciones en alguno de sus órganos, los cuales podrían agravarse.

Dos ejemplos ilustrativos:

Ejemplo 1: «A media mañana, y de forma no revista me comunica la secretaria del departamento que el jefe de sección quiere hablar conmigo a primera hora de la tarde. Me dio un vuelco el corazón. El jefe no me cae especialmente bien, pues desde que lo nombraron he tenido con él algunas desavenencias. Dado que me queda escasamente una semana para jubilarme pensé que lo que quiere es felicitarme por la nueva vida que me espera. A la hora de la reunión estaba tan concentrado en la tarea que estaba realizando que tuvieron que llamarme indicándome que no me demorara más en ir a ver al jefe de sección».

Ejemplo 2: «A media mañana, y de forma no revista me comunica la secretaria del departamento que el jefe de sección quiere hablar conmigo a primera hora de la tarde. Me dio un vuelco el corazón. El jefe no me cae especialmente bien, pues desde que lo nombraron he tenido con él algunas desavenencias. Acabo de incorporarme a la empresa y estoy en período de prácticas; me paso la mañana dando vueltas a la cabeza sobre el problema que tengo si no me renuevan el contrato. Un buen rato antes de la reunión ya no era capaz de estar concentrado en el trabajo y decidí ir con antelación en al despacho del jefe de sección».

Es la misma situación, y cumple los requisitos para calificarse de estresante, puesto que es imprevista, genera incertidumbre y por tanto es causante de un cambio brusco y automático del nivel de activación fisiológica. La diferencia la marca el estado, en este caso laboral, que tiene cada una de las personas, lo cual da lugar a estilos de afrontamiento dispares.

Pudiera parecer que el hecho de que la reacción inicial sea automática y no fruto de una decisión consciente, razonada y reflexiva es un demérito, pero de hecho es una gran suerte, ya que ello es esencial para la supervivencia. En las numerosas situaciones que cada día se viven, solo en algunas se toman decisiones conscientes sobre cómo comportarse; en el resto, que son la gran mayoría, la reacción es rápida y se basa en el automatismo, que es fruto del aprendizaje adquirido consecuencia de las anteriores vivencias o similares eventos. Esta forma automática de reaccionar es óptima, por ejemplo, cuando se requiere rapidez y precisión en la respuesta. Ejemplo de ello es aprender a conducir, lo que es precisamente llegar a manejar el coche sin la necesidad de tener que pensar y decidir en cada momento la maniobra que se debe hacer; si se tuviera que pensar qué pie se ha de mover para presionar qué pedal a fin de frenar o acelerar el coche, el desastre estaría asegurado.

Una salvedad importante: la eficacia de las reacciones automáticas puede verse afectada por un déficit sensorial. Así, por ejemplo, una persona con un problema en el olfato o en el gusto puede sin saberlo poner en peligro su vida al ingerir alimentos en mal estado, puesto que la respuesta automática de rechazo y asco no se le activará ante dicho alimento por su mal olor o mal gusto; por tanto, esta persona la ingesta de un alimento solo puede realizarlas tras un proceso consciente de verificación de la calidad del producto a consumir.

Depende de las características de la situación, y sobre todo de cómo se reaccione ante ellas, el incremento que va a tener el nivel de activación y la duración de la misma. Dado que entender bien esto es importante, a continuación se describen unos ejemplos clarificadores.

> «Sé que hoy va a ser un día cargado de obligaciones, por lo que salgo de casa con cierta prisa. De camino hacia mi coche me cruzo con un conocido al que saludo; él no me devuelve el saludo.

> e. Me sorprende que no me haya dado los buenos días, pues creo que me ha visto. La situación me ha producido cierto desagrado, pero dado que hoy tengo cosas importantes que hacer, me concentro en repasar mentalmente la agenda de actividades del día».

> f. «Me ha molestado la total falta de educación que ha tenido esa persona que en varias ocasiones me ha pedido que la asesore. Mientras con-

duzco voy dándole vueltas a lo sucedido y cada vez me siento más molesto, incluso enfadado. Al llegar a la oficina le comento lo sucedido a un compañero con el que tengo mucha confianza, que me reafirma en lo inaceptable de la conducta de la otra persona al no haberme saludado. A lo largo del día me viene a la mente en varias ocasiones la situación, que cada vez me enfada más. Estoy deseando volver a verla, pues no le pienso saludar».

√ **La forma en que la persona ha afrontado la situación molesta ha influido de modo decisivo en su nivel de activación y el malestar que le ha generado; es determinante por tanto lo que se hace, se piensa y se siente, así como el manejo que se tiene de la activación fisiológica.**

Ante una situación estresante, y en base al tipo de decisiones que la persona toma, se puede requerir que el organismo tenga que mantener altos niveles de activación fisiológica durante períodos prolongados de tiempo, para ello la red cerebral habrá de activar mecanismos fisiológicos diferentes al eje I (neural) del plan A.

«Estando aún cerradas las puertas de la cafetería me pongo a preparar las tortillas y los pinchos, pues hoy estaré sola toda la mañana atendiendo a los clientes. Mi compañera de turno de mañana me llamó ayer tarde para decirme que hoy no acudiría a trabajar porque tenía asuntos familiares imprevistos que atender; al oír la noticia me quedé un tanto contrariada, pues llevo poco tiempo en el trabajo y aún no me manejo bien del todo. Cuando le comenté a mi marido lo sucedido me aconsejó acostarme pronto y así descansar bien, además de animarme mostrándome toda su confianza de que al día siguiente llevaría la cafetería a la perfección. Faltan pocos minutos para las 9 de la mañana; voy al baño, me refresco la cara y con una mezcla de sentimientos de preocupación y ganas enormes de que todo vaya bien durante las más de 5 horas en que estaré sola atendiendo a los clientes me dirijo a la entrada de la cafetería y abro las puertas. ¡¡Allá vamos!!».

Este también es un evento estresante, pero que no aparece de forma brusca; la persona es conocedora del mismo con antelación y tiene la predisposición de hacerle frente al haber estado centrada durante más de 5 horas en la realización de la tarea que tiene encomendada. Dispondrá de la energía que precisa para ello gracias a la intervención de la red cerebral, que en este caso hará uso del plan B o eje II (neuroendocrino). El hipotálamo y amígdala activan las glándulas suprarrenales (riñones) y el torrente sanguíneo recibe adrenalina (y noradrenalina), que se distribuye haciendo posible mantener altos niveles de activación fisiológica y procesamiento cognitivo por un tiempo prolongado; con ello aumentan el ritmo cardíaco, la presión arterial, el aporte sanguíneo al cerebro, la liberación de ácidos grasos y opiáceos endógenos, entre otros, en el funcionamiento del organismo.

Tener estos episodios de intensa y duradera activación fisiológica con frecuencia es propio del estrés agudo, lo cual puede facilitar la aparición de trastornos, sobre todo de tipo cardiovascular. Por ello, y pudiendo este eje estar activo durante varias horas si así la persona lo precisa, es muy saludable facilitar a lo largo de todo ese tiempo periodos de reducción de la activación; el cerebro puede ayudar a que se saque el mejor provecho de esos períodos de descanso, que no necesariamente han de tener una duración prolongada para ser útiles, gracias a la llamada «red neuronal por defecto». El neurocientífico estadounidense Marcus Raichle descubrió que esta red no está activa cuando se están realizando tareas que exigen concentración; y, por el contrario, se activa al dejar de hacer ese tipo de tareas, facilitando con ello el ser conscientes de lo que sucede a nuestro alrededor y al tiempo permitir un estado de reposo que favorece la recuperación de la energía gastada.

Por lo tanto, se puede tener un alto nivel de activación fisiológica y de procesamiento cognitivo durante un tiempo prolongado para poder realizar tareas que lo requieren, pero hay que gestionar adecuadamente esta exigencia que se le hace al organismo dándole períodos regulares de descanso en los que pueda recuperar la energía gastada y evitar saturarse cognitivamente. Estos cambios además ayudan a regular la actividad fisiológica, es decir, contribuyen a que ésta sea capaz de acomodarse al tipo de actividad que se esté realizando o que se quiera realizar.

Mantener durante un tiempo excesivo un alto nivel de activación fisiológica y procesamiento cognitivo para realizar una actividad que así lo requiere hace que tu nivel de desempeño acabe por ir decayendo después de cierto tiempo; un momento de descanso bien aprovechado permite volver a la actividad en condiciones óptimas para seguir realizándola adecuadamente.

Los conductores de carreras de coches y los cirujanos, por ejemplo, saben bien esto. Si la carrera dura un tiempo excesivo para el piloto, de forma que su nivel de activación fisiológica llegue a desregularse y su concentración decaiga, empezará a cometer errores que no tendría en condiciones normales; por este motivo, el entrenamiento para cada carrera conlleva favorecer que las condiciones fisiológicas y cognitivas se mantengan en óptimo estado a lo largo de toda ella, puesto que cada movimiento de volante y cada vez que se pisa el freno o el acelerador ha de realizarse con una perfección milimétrica. Dicho en su argot, «el nivel del depósito ha de dar para toda la carrera».

Un cirujano con frecuencia ha de estar horas en el quirófano; la pericia adquirida fruto de años de experiencia es sin duda de gran ayuda, y enseña también a mantener las óptimas condiciones personales para completar con éxito una cirugía, lo cual requiere cuidar dichas condiciones, alternando períodos a veces prolongados de actividad quirúrgica con otros que pueden ser breves de descanso físico y mental.

Estos son dos ejemplos de una inequívoca realidad: tu organismo está dispuesto a facilitarte el logro de los objetivos que tengas en cada momento.

√ **Si tomas buenas decisiones para que tus condiciones personales sean las adecuadas para lograrlos, estos estarán más al alcance de tu mano y, al revés: durante un tiempo prolongado si no cuidas tu estado personal, se dificultará el logro de tus objetivos.**

Las experiencias vividas pueden llegar a influir en el estado personal; todos conocemos a personas que están atravesando momentos muy problemáticos que dañan al máximo su estabilidad personal.

«Han pasado ya casi dos meses y sigo sufriendo las consecuencias de la dichosa aciaga semana de principios del mes pasado que ha marcado mi día a día desde entonces. El primer varapalo fue la avería del taxi que, además de tener un arreglo sumamente caro, me tuvo varios días en el dique seco sin ingreso ninguno y con un montón de gastos. Mi plan era hacer frente a los pagos que de repente se me presentaban, recuperando el dinero que hacía casi un año había colocado en una inversión financiera que me supuso un sinfín de beneficios. Confiado en los buenos augurios que me ofrecían y en la palabra de un amigo de mi hermana que invirtiendo se había hecho casi millonario puse prácticamente todo el dinero que tenía en ese fondo de inversión con el que de forma sumamente sencilla operé a través de Internet. En cinco ocasiones me ingresaron en la cuenta del banco a principios de mes un dinero que decían eran los rendimientos de la excelente inversión que había hecho, al tiempo que me animaban a invertir más. Me convencieron y pedí un préstamo hipotecario al banco para engordar el dinero ya invertido y con ello casi multipliqué por tres la inversión inicial. A partir de ese momento no recibí ni un ingreso más en mi cuenta; reclamé pero nadie se comunicó conmigo. La Policía me mostró la cruda realidad: era uno más de los muchos estafados. Llevo semanas sin apenas dormir, malcomiendo sin apetito, irritable, enfadado conmigo y con el mundo; la cabeza me va a mil por hora dando vueltas a los mismos pensamientos de desesperación por no saber qué hacer para salir del caos en el que me he metido. Me paso el día en el taxi trabajando para hacer frente a todos los pagos que me llegan».

Ante una situación tan sumamente estresante, duradera y para la cual la persona no tiene estrategias eficaces de afrontamiento, la red cerebral pone en marcha el plan C o eje III (endocrino), que activa numerosos procesos que dan lugar a la producción de un cóctel de hormonas (cortisol, corticosterona, aldosterona, deoxicorticosterona, testosterona, GH, tiroxina, vasopresina, endorfinas) que hacen posible mantener durante largos períodos de tiempo niveles altos de activación fisiológica. La presencia de la llamada «hormona del estrés», el cortisol, incrementa la disponibilidad de glucosa en todos los órganos, y en especial en el cerebro, y a su vez reduce la actividad de funciones corporales que para la situación no son esenciales, como las del sistema inmunitario, el digestivo o el reproductor, entre otros.

√ **Este estado de intensa y duradera activación fisiológica propio del estrés crónico, además de alterar actividades básicas como el apetito y el sueño, incrementa la aparición y el agravamiento de numerosos problemas de salud física y psicológica.**

No afrontar adecuadamente situaciones extremadamente estresantes hace que, tanto la hiperactivación fisiológica como el deficitario procesamiento cognitivo, se mantengan durante largos períodos de tiempo a lo largo del día; esto genera cansancio, sensación de falta de control, irritabilidad, desánimo y desesperanza, lo cual estrecha la expectativa de salir de la negativa dinámica en la que está causada por el estrés crónico que se posee como consecuencia de las ineficientes estrategias de afrontamiento que se tienen o se utilizan.

En el siguiente cuadro podemos ver los efectos de cada uno de los tres ejes de la red cerebral:

Eje neural	Eje neuroendocrino	Eje endocrino
↑Sudoración Dilatación pupilar Escasa secreción salivar Piloerección (piel de gallina) ↑Tasa cardíaca Vasodilatación de vasos (riego sanguíneo) de músculos Vasoconstricción de vasos (riego sanguíneo) del cerebro y piel Dilatación de bronquios Inhibición de la digestión ↓Excreción de orina ↑Metabollismo basal	↑Tasa cardíaca ↑Presión arterial ↑Riego sanguíneo al cerebro ↑Activación de musculatura estriada ↑Opiáceos endógenos ↑Ácidos grasos, triglicéridos y colesterol	↓Apetito ↑Producción de glucosa ↑Ácidos grasos y depósito de glucógeno en el hígado Retención de líquidos Irritación gástrica Inhibición de mecanismos inmunológicos Disfunciones en la producción de proteínas Alteraciones emocionales

Tu organismo nunca te da la espalda, ni siquiera cuando tus decisiones le llevan hasta el límite; puede incluso sobrepasar los límites de lo deseable y lo saludable para dar soporte a tus decisiones. Por ello, manejar adecuadamente el estrés conlleva conocer y utilizar las mejores decisiones para hacer frente a las experiencias vitales, de forma que se cuide el estado personal y se logren los objetivos buscados, y con ello se salvaguarde la salud y se favorezca el bienestar.

Podemos no percibir, o no hacerlo con total claridad, los procesos fisiológicos que en cada momento están activos; por ello es valioso tener buenos indicadores de su nivel de activación. Hoy en día disponemos de indicadores orgánicos, llamados biomarcadores, además de indicadores comportamentales del estrés.

√ **La Organización Mundial de la Salud desde hace ya 30 años viene señalando la necesidad de disponer de biomarcadores que identifiquen o anticipen la presencia de alteraciones en la salud, lo que hace que los procesos de identificación de distintos trastornos sean más rigurosos y objetivos.**

Hoy en día hay dos biomarcadores del estrés que cuentan con sólido respaldo científico: el cortisol y la variabilidad de la frecuencia cardíaca.

La detección del nivel de la hormona cortisol se realiza en el laboratorio mediante el análisis bioquímico de muestras de sangre, saliva o cabello, que el evaluado recoge en el *kit* que recibe del laboratorio; la toma de muestras es escasamente invasiva. Las muestras, como material orgánico que son, han de ser manejadas correctamente para evitar que se dañen; días o semanas después de la fecha en que se ha tomado la muestra biológica, el evaluado recibirá información del nivel de estrés detectado a dicha fecha.

El desarrollo de la biotecnología y la psicofisiología aplicada ha facilitado el uso de la variabilidad de la frecuencia cardíaca para la detección del nivel de estrés. Se realiza mediante la utilización de equipamiento biotecnológico de sensores de superficie, cada vez más vistos en los deportistas de alta competición; la toma de datos de variabilidad de la frecuencia cardíaca no es invasiva, ya que solo requiere colocarse una banda de la recepción de datos fiable, como la H10 de Polar. El evaluado recibe el resultado del análisis de datos y la determinación de su nivel de estrés de forma inmediata.

Al final del capítulo tienes indicación de una aplicación informática que te facilita la detección de tu nivel de estrés mediante el indicado procedimiento biotecnológico.

La aplicación «Nivel de estrés» te permite conocer de forma sencilla y fiable tu nivel de estrés, a partir de la medición de la variabilidad de tu frecuencia cardíaca, y que podrás ver con ayuda del siguiente código QR:

CONDUCTAS

«*La conducta es un espejo en el que cada cual muestra su propia imagen*».

Goethe

«Iba en mi coche, cuando tuve que parar y orillarlo, pues había un coche accidentado. Vi a uno de sus ocupantes, que estaba herido y estaba siendo atendido por una ambulancia. Los nervios me atenazaron de tal manera que no podía ni moverme».

La doctora Sonia Lupien, psicóloga e investigadora del estrés, afirma que «el cerebro es un experto detector de amenazas», algo que bien podemos agradecer puesto que esto nos permite evitarlas o prepararnos para afrontarlas.

La ciencia viene interesándose desde hace más de un siglo por entender por qué un individuo reacciona de una u otra manera cuando experimenta una situación estresante.

√ **El fisiólogo Walter Bradford Cannon señalaba la huida y la lucha como los dos tipos de conductas que se dan ante una amenaza. Una situación de carácter traumático también puede causar una respuesta de bloqueo.**

A estas tres opciones de respuesta, el psicólogo y neurocientífico estadounidense Stephen W. Porges añade la interacción social como estrategia de afrontamiento de situaciones estresantes.

Huida, lucha e interacción social son respuestas activas de afrontamiento. El bloqueo, también llamado inmovilidad o congelación conductual, es una respuesta pasiva. Veamos cada una de ellas.

Tipos de respuestas ante una situación estresante:

Bloqueo	Afrontamiento
Inmovilidad o congelación	Huida, lucha e interacción social

La respuesta de bloqueo la presentan un sinfín de animales ante situaciones amenazantes; es una reacción adquirida fruto del proceso evolutivo.

Una situación que tiene un carácter altamente amenazante para la integridad personal, y por tanto es traumática, puede dar lugar a que la persona que la sufre manifieste la conducta de bloqueo o parálisis. «Cuando me di cuenta de lo que me estaba pasando no podía moverme. Mi cuerpo no respondía; mi mente se desvanecía y volvía a despertar». Esta es una reacción fisiológicamente condicionada, es decir, que depende directamente de mecanismos fisiológicos que se activan de forma automática ante la presencia de una grave amenaza. Experimentar este estado de bloqueo no es por tanto fruto de una decisión consciente y voluntaria.

Para los miembros de las fuerzas de seguridad o los militares en situación de combate, este es uno de los principales peligros a los que han de enfrentarse, puesto que ante una evidente amenaza para su integridad o su vida, quedarse bloqueado o mantenerse alerta representa la diferencia entre el desastre o salir airoso. Conocedores de ello, estos profesionales se entrenan para ser capaces de evitar que su nivel de activación fisiológica se dispare de tal manera que sufran episodios de estrés agudo que los incapaciten para el desarrollo del desempeño que tienen encomendado. Este entrenamiento, llamado Reacción de Estrés Operacional y de Combate, conlleva la ejercitación de conductas efectivas de afrontamiento, como las estrategias para la supervivencia y la preparación psicológica. El Ejército americano realiza este entrenamiento con el programa BICEPS, un buen ejemplo de que se puede aprender a manejar el nivel de estrés, y que asimismo es posible recuperarse de los efectos lesivos que causa el tener niveles desregulados de activación fisiológica.

Las personas que han tenido el infortunio de haber sufrido una agresión grave de carácter físico, sexual o psicológico, con cierta frecuencia describen haber padecido un estado de inmovilización y bloqueo que *a posteriori* les resulta complicado de entender y muy difícil de explicar. Durante el evento traumático experimentan un descenso del tono muscular con pérdida de fuerza, una ralentización del ritmo cardíaco y de la respiración, y una reducción del nivel de conciencia, todo lo cual son manifestaciones fisiológicas que caracterizan ese estado de incapacidad para reaccionar por el terror que se experimenta.

√ **Por difícil que resulta explicar esto a las víctimas, la ciencia sí ha desentramado los motivos de la respuesta de bloqueo, también llamada sideración.**

El psicólogo y profesor de la Escuela de Medicina de la Universidad de Harvard, James W. Hopper, estudioso de los efectos psicológicos y biológicos de las experiencias traumáticas, explica las bases psicofisiológicas de esta respuesta de congelación de la conducta ante una agresión: el brusco aumento del nivel de estrés activa de tal manera el circuito cerebral del miedo que este llega a bloquear áreas cerebrales que se encargan de la toma de decisiones de tal modo que, incluso siendo la persona consciente de lo que le está sucediendo, es incapaz de tener ninguna iniciativa defensiva. «¿Cómo puede entenderse que no hice nada?», es la pregunta que a las víctimas atormenta y culpabiliza. La respuesta es que el cerebro, que tiene unas brillantes capacidades, posee ciertos automatismos fruto del proceso evolutivo que lo configuró, que en la sociedad actual no generan una respuesta adecuada a situaciones extremas como las agresiones sexuales.

Respecto de las respuestas activas de afrontamiento, la huida es la estrategia más frecuentemente usada ante una situación estresante. La huida consiste tanto en alejarse como evitar tomar contacto con ella.

«Sé que si voy a la fiesta me sentiré muy mal; apenas hablaré, salvo para decir hola y adiós. No quiero ir, ni tengo ninguna obligación de estar allí. La fiesta es para mi hermana; que yo asista o no en nada va a

influir en lo bien que ella se lo va a pasar. Mi hermana sabe que la quiero y conoce mis problemas para
estar con mucha gente; seguro que lo entenderá».

Se ha de tener en cuenta que evitar situaciones peligrosas es diferente a evitar situaciones molestas. Son peligrosas
porque pueden poner en riesgo la integridad física o mental
y son molestas porque resultan desagradables o porque requieren que el individuo haga uso de sus recursos personales
para afrontar las exigencias que conllevan. Me centraré en
estas últimas.

Evitar es no acercarse y también alejarse, y su detonante es la llamada ansiedad anticipatoria. Veámoslo con el
ejemplo anterior.

Estando aún en su casa y quedando tiempo para acudir a la fiesta, nuestro protagonista llega al convencimiento
de que no va a ser capaz de soportar estar en un sitio donde
haya mucha gente. El aumento del nivel de estrés se produce
al recordar que se está invitado a asistir a una reunión social. A continuación se da una cadena de pensamientos premonitorios y justificación; premonitorios del malestar que
sentiría si llegara a ir, y de justificación por la decisión tomada de no asistir. No ha salido de casa y ya cree saber lo que
le pasará varias horas después si acude a una fiesta familiar.
Pero, ¿sabe o ha tomado en cuenta lo que le pasará cada vez
que sea invitado o esté en una reunión social?

Esta mirada al corto plazo, basada en anticipar todas las
desgracias que le sucederán si asiste a la fiesta, hace que se
incrementen su nivel de estrés y su malestar; decide evitar ir,
y para ello elabora pensamientos que justifican su decisión y
esto le tranquiliza. Cuando hayan pasado unos minutos no
será extraño que sienta remordimientos por haber fallado
a las personas que le pedían asistir, tal vez tenga un fuerte
sentimiento de culpa que además le genere una visión nega-

tiva de sí mismo; de nuevo el estrés aumentará y se reiniciará el proceso, justificando la decisión tomada de no asistir a la fiesta con la esperanza de obtener una reducción del nivel de estrés.

A largo plazo es más que probable que evitará cada vez más situaciones que considere que le producirán estrés, restringiendo con ello lugares en los que pudiera estar y experiencias que pudiera vivir.

Para ilustrar mejor esta cuestión, que es importante tener clara, te presento la situación que vivió una excelente persona, sumamente trabajadora y amante de su familia. Siempre había sido un luchador. Le conocí unos meses después de sufrir una intensa crisis de ansiedad conduciendo su camión por una carretera comarcal.

Afortunadamente, a pesar de la adversidad fue capaz de evitar sufrir un accidente de tráfico. La primera vez que le vi estaba en su casa, en una habitación que no daba a la calle; estaba tumbado en la cama, como acostumbraba a estar la mayor parte del día en las últimas semanas. Solo salía de la habitación para ir al baño.

Ante la pregunta de cómo había llegado a restringir de manera tan drástica su actividad personal, la contestación fue clarificadora:

«Tras el incidente me indicaron que me tomara unos días de descanso, y así lo hice. A los pocos días me pasé a la habitación actual, pues en la otra oía el ruido de los coches que pasaban por la calle y no lo soportaba. Empecé a no aguantar visitas de familiares y de amigos, que pronto corté; me ponían nervioso. Me llegan cartas y recibo llamadas de distintos organismos; mi mujer se encarga, porque yo no puedo ni quiero saber de ese tema. Llevo tiempo aislado en esta habitación y no tengo claro cómo recuperarme, ni tampoco tengo la cabeza para pensar en ello».

La necesidad superó al miedo e iniciamos tratamiento. La última vez que le vi fue haciendo con él un trayecto en un coche que él mismo conducía; semanas más tarde me llamó por teléfono para informarme de que había empezado a trabajar con su camión, eso sí, haciendo trayectos cortos, que poco a poco se irían alargando.

Otra respuesta activa de afrontamiento es la reacción de lucha ante una amenaza, a la que el organismo responde con un aumento de la activación fisiológica que se manifiesta con un incremento de la tensión muscular, la tasa cardíaca y la frecuencia respiratoria, respuestas todas ellas preparatorias para el enfrentamiento. Luchar es por tanto oponerse activamente.

Cuando somos agredidos o amenazados, ¿luchar es la mejor opción? Los expertos en seguridad dicen que hay varios motivos que indican que suele no serlo, siendo el principal de ellos el hecho de que puede intensificar la actitud amenazante del agresor. Para tomar esta iniciativa se ha de tener muy en cuenta el posible efecto intimidatorio que pueda tener sobre el agresor, y por tanto tiene que ser una reacción estratégica y no fruto de la rabia o la ciega impulsividad que en la mayoría de los casos la motiva. Se ha de tomar ejemplo de los animales, y en concreto de los depredadores, que ejercitan con sabiduría sus conductas de lucha, no enfrentándose a adversarios ante los cuales no tienen posibilidad de salir bien parados.

También Sun Tzu, reconocido estratega militar chino, aconseja en la misma dirección cuando afirma que «la mejor victoria es vencer sin combatir».

Dado que la inmensa mayoría de las situaciones estresantes que se viven son de carácter social, es muy importante señalar que la respuesta de afrontamiento más idónea es una acertada comunicación interpersonal. Para ello se requiere disponer y hacer uso tanto de habilidades sociales como de la expresión de opiniones personales, críticas o peticiones, entre otras conductas asertivas, que si son realizadas de forma adecuada facilitan la reducción del conflicto; de hecho son un antídoto que hace que se reduzca el impacto estresante de numerosas experiencias personales.

Estas habilidades no se disponen genéticamente, sino que se aprenden a lo largo de la infancia gracias al ejemplo que se recibe de personas cercanas. Por tanto, se pueden aprender formas adecuadas pero también inadecuadas de expresarse cuando se interactúa con otras personas, de tal forma que se fortalezca la relación o facilite el acuerdo, o justo lo contrario. A lo largo de la vida pueden ser entrenadas para su aprendizaje y mejora. Las habilidades sociales son una herramienta básica para la convivencia, para el éxito social y laboral, y para el bienestar, en tanto en cuanto permiten afrontar de forma satisfactoria cualquier interacción social, y en especial aquellas que resulten estresantes.

Como puede observarse, aun habiendo diferentes formas de reaccionar ante situaciones estresantes, es frecuente que cada persona acostumbre a hacer uso más de unas estrategias de afrontamiento que de otras. A fin de que puedas conocer mejor cuál es tu estilo de afrontamiento habitual, al final del capítulo tienes un enlace que te da acceso al Cuestionario de Afrontamiento del Estrés. Al cumplimentarlo tendrás información estructurada del uso que haces de los distintos estilos de afrontamiento. Probablemente te sorprenda, y seguro que te ayudará.

Para facilitar el buen manejo personal se han de considerar las señales conductuales indicativas del estrés que se tiene, y entre ellas es de especial utilidad la detección del nivel de irritabilidad; estar en un estado de baja tolerancia a estímulos molestos o no poder soportar situaciones que en otros momentos se vivieron, incómodas o fastidiosas, es señal de que se tiene un alto nivel de irritabilidad, lo cual es indicativo de un elevado nivel de estrés y una señal inequívoca de dificultad para el desempeño social.

Con el enlace al Test de Irritabilidad que aparece al final de este capítulo puedes detectar el coeficiente de irritabilidad que tienes; te aconsejo que tomes muy en cuenta que la irritabilidad es un mal acompañante y un peor consejero.

Para facilitar la autoevaluación de las estrategias que acostumbras a utilizar para afrontar situaciones estresantes, puedes acceder al Cuestionario de Afrontamiento del Estrés con ayuda de este código QR:

Para facilitar la detección del índice de irritabilidad que tienes, accede al Test de Irritabilidad de Novaco con ayuda de este código QR:

PENSAMIENTOS

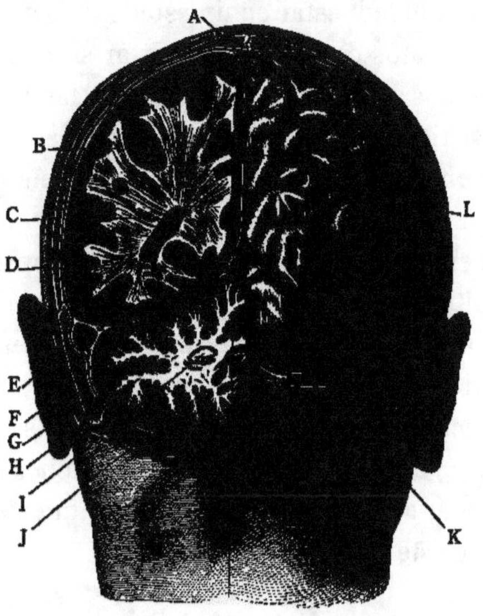

«Lo que a una persona le molesta no es lo que le sucede,
sino la opinión que tiene de ello».

Epicteto

El siguiente pensamiento es fruto de un acertado criterio para el logro de tus valiosos objetivos personales: «Para tomar buenas decisiones, sobre todo aquello que es importante para ti, escucha a la ciencia». Convencido de su utilidad, ha guiado la redacción de este libro.

Este pensamiento te lleva a tomar en cuenta el conocimiento fiable, riguroso y fundamentado en hechos objetivos y no el basado en opiniones o hechos anecdóticos («Pues a mí me ayudó mucho...»). Es importante hacer uso de todo aquello que el conocimiento científico respalda para garantizar los mejores resultados. Hoy tenemos muchos medios para acceder a las aportaciones que hace la ciencia sobre cuantos asuntos nos puedan interesar. Si algo es realmente importante para ti, toma información seria, rigurosa, y por tanto, científicamente avalada.

No creas que este es un planteamiento de ahora; de hecho este criterio funciona desde hace miles de años. En el antiguo Egipto fueron muchas las pirámides que se derrumbaron en plena construcción o una vez acabadas; todos nos imaginamos que los constructores no se alegraron de ello, pero sí sabemos que no se quedaron en lamentarlo. Tomaron buena nota y estudiaron el porqué, llegando a la conclusión de que la inclinación perfecta para que cada una de las cuatro caras de la pirámide perdure es de 53º.

Una vez aplicado este criterio por primera vez, en todas las pirámides siguientes lo usaron de forma rigurosa, haciendo posible que hayan durado hasta el día de hoy.

√ **Los pensamientos son importantes, puesto que sirven para autoexplicarse y explicar a otros todo aquello que se vive y de lo que se es consciente.**

Toda persona vive numerosos eventos a lo largo del día, y solo es consciente de una buena parte de ellos; los otros pasarán desapercibidos, pudiendo incluso llevarla a cometer errores, como puede verse en el ejemplo siguiente:

«Voy en coche de camino al trabajo y tomo la dirección que diariamente utilizo sin tener en cuenta que hoy he de hacer unas compras antes de llegar a la oficina; la costumbre me ha llevado por el camino habitual».

Aquello de lo que eres consciente que sucede se acompaña de pensamientos que lo explican, que lo justifican, que le dan sentido. «Es que a Carlos todo le sale bien, es un tío con suerte». «Vaya situación más incómoda, mejor haberme quedado en casa. Es inútil seguirlo intentando; ese trabajo no está hecho para mí». Los pensamientos no son solo un reflejo de la visión que cada persona tiene de lo que vive y de cómo lo vive, además son indicativos de la opinión que tiene de ella misma. Todo esto es clave, pues influye de forma determinante en las decisiones que vayas a tomar.

Esta tendencia a elaborar pensamientos relacionados con los eventos vitales forma parte de la naturaleza humana desde el origen de los tiempos. De ahí las leyendas y los mitos griegos, que mediante dioses y héroes daban explicación a todo tipo fenómenos. La mitología griega pone en lo más alto a Zeus como rey de los dioses y además dios del cielo, del trueno y de la energía. Este superdios tenía una hermana, Deméter, que vigilaba la tierra fértil y las plantas que crecían en ella. Perséfone, hija de Deméter, era una hermosa joven que se encargaba de vigilar las semillas que los hombres enterraban en la tierra hasta que germinaban, y de la tierra oscura salían el tallo y las hojas de la nueva planta.

Durante siglos los griegos estaban absolutamente convencidos de que el proceso que siguen las plantas para germinar, y por tanto el que las cosechas sean fértiles o exiguas, dependía de la intervención de la diosa Deméter y su hija Perséfone. Luego ¿qué podía hacer un agricultor cuando veía que sus cosechas se agostaban y no daban frutos salvo pedir a estas diosas todopoderosas que hicieran posible que los campos volvieran a ser fértiles o buscar a los culpables de que las diosas les hubieran dado la espalda y ganar de nuevo su generosidad ofreciéndoles los sacrificios necesarios?

Cuando los pensamientos no explican los acontecimientos de una forma realista se toman decisiones coherentes con ellos pero que no darán los resultados deseados. Imaginemos a un agricultor de la isla griega de Creta en el año 1.200 antes de Cristo que ve que apenas tiene comida que ofrecer a su familia, pues las tierras que cultiva dan escasos frutos. Mientras sus hijos le suplican comida no se planteará seleccionar las semillas o abonar y regar más sus tierras para lograr que la cosecha sea más exitosa; su pensamiento estará centrado en cómo congratularse con las diosas Deméter y Perséfone, y así obtener su favor.

√ **Los pensamientos irracionales e irreflexivos, y por tanto desenfocados con respecto a la realidad, hacen que se tomen decisiones inadecuadas, ineficientes e incluso dañinas. Los pensamientos coherentes con los eventos que se viven facilitan el que se tomen decisiones útiles y beneficiosas para afrontarlos.**

Vives a lo largo del día un gran número de experiencias. Para una gran parte de ellas no tomas decisiones concretas sobre cómo comportarte; simplemente haces lo que has hecho en anteriores ocasiones, en tanto que tales conductas te han dado resultados satisfactorios. También pudiera decirse que en estos casos la decisión que se toma es no decidir, y por tanto dejar hacer; con ello te evitas el esfuerzo que supone el analizar lo que está sucediendo, establecer los objetivos que quieres lograr y la estrategia para lograrlos.

Por el contrario, si el evento tiene las características que señala la doctora Lupien para considerarlo estresante (novedoso, impredecible, o no se dispone de recursos para manejarlo o amenaza la estabilidad personal), te impactará de tal manera que te obligará a pensar sobre él y tomar decisiones. Ya sabes, cuando decides conscientemente qué hacer ante una situación es con posterioridad a que tu organismo haya tomado la iniciativa de reaccionar automáticamente y de forma similar a como lo hizo anteriormente ante ese u otros eventos similares. Ante esto hay una pregunta clave: ¿lo que conscientemente decidas hacer servirá para mejorar o para empeorar los resultados obtenidos con la respuesta que tu organismo ya ha impulsado?

Cada vez hay más evidencia científica que acredita que el área prefrontal de la corteza cerebral tiene un papel determinante en el análisis de las situaciones que se viven y en la toma de decisiones respecto del comportamiento adecuado. Cuando esta área prefrontal percibe un nuevo evento, entiende lo que a la persona le ha sucedido y cómo esta ha reaccionado automáticamente, lo cual sucede gracias a la conexión que tiene con la amígdala, el hipocampo y el sistema vagal. A su vez, y esto es muy importante conocerlo y tenerlo en cuenta, el área prefrontal influye en los pensamientos y la activación fisiológica que automáticamente se generó ante el nuevo evento.

√ **Por tanto, una vez que eres consciente de la presencia de una situación, tus pensamientos tienen una influencia decisiva sobre tu conducta, las decisiones a tomar, las emociones que vas a sentir y tu estado de activación fisiológica.**

Dada la importancia de nuestros pensamientos, veamos los mecanismos que influyen en ellos:
- ¿Cómo te explicas el que haya acaecido un evento?: locus de control.
- ¿Cuáles son tus convicciones personales?: disonancia cognitiva.
- ¿Cómo valoras cada situación vivida?: distorsiones cognitivas y creencias irracionales.

El doctor Julian Rotterl, reconocido psicólogo estadounidense, aportó numerosos estudios que analizan los motivos que acostumbramos a darnos para explicarnos lo que nos sucede; a esta atribución él le llamó el «locus de control». Tanto sus investigaciones como las realizadas por otros estudiosos desvelaron la enorme importancia que esta cuestión tiene en cómo las personas afrontan los acontecimientos que viven. El siguiente cuadro ilustra las distintas formas de locus de control:

Locus de control externo	Locus de control interno
«Considero que las cosas me suceden porque las circunstancias externas hacen que sucedan»	«Considero que mi comportamiento es lo que hace que las cosas sucedan»

Invariable	Variable	Inmodificable	Modificable
«Lo he logrado porque se organizó para mí»	«Lo he logrado porque no había más candidatos»	«Lo he logrado porque soy muy decidido»	«Lo he logrado porque estaba de buen humor»

La forma en que cada persona se explica a sí misma lo que le sucede tiene influencia en su comportamiento, lo cual refuerza su estilo atribucional (locus de control); con ello es más probable que en sucesivas ocasiones atribuya a los eventos futuros motivos similares a los presentes.

Si consideras que lo que te sucede generalmente se debe a factores externos (locus de control externo), y por tanto ajenos a ti como la suerte o el destino, deja de tener sentido hacer el esfuerzo de influir en lo que ocurre, pues estos factores están fuera de su control. Veamos dos ejemplos que ilustran esta importante cuestión:

«Qué mala suerte tengo. Llevo tiempo buscando una vivienda cerca del trabajo que me evite importantes gastos de tiempo y dinero para acudir a la oficina todos los días. Ya ni sé cuántos pisos había visto en Internet cuando encontré uno idóneo. El vendedor me anunció que tenía otros posibles compradores; el caso es que me costaba decidirme y, cuando más por agotamiento que por convicción, llamé de nuevo el vendedor para anunciarle que me quedaba con la vivienda, él me comunicó que ya había sido vendida. La verdad es que apenas me sentí contrariado por sus palabras, pues pensé que estaba claro que por algún motivo que desconozco el piso no era para mí».

«Desde hace varios años mi hijo padece una enfermedad mental muy grave. Convive con mi marido y conmigo, que somos quienes nos ocupamos de él. Él solo no es consciente de la enfermedad que tiene, sino que dice que está muy bien y los que están mal son los otros, sobre todo yo. Se niega a tomar la medicación que le han prescrito y su estado psicológico está lleno de altibajos, lo cual nos tiene destrozados a su padre y mí. Cuando lleva una temporada en que está mejor, generalmente tras un ingreso en el hospital, nos llenamos de esperanza de que todo va a ir bien; pero en el momento en que las cosas se tuercen el desánimo nos invade, pues sabemos que cada día la situación va a ir empeorando, para él y para nosotros».

¿Qué puede pensar esta madre cuando de forma repetida su vida y la de su marido se ven condicionadas por el estado psicológico de su hijo enfermo? Son rehenes del estado de él y de las decisiones que toma, que a su vez son súbditas de su estado mental. Como es obvio, ella atribuye lo que le sucede a circunstancias externas, cambiantes y que están fuera de su control, puesto que dependen de la actitud del hijo respecto al cumplimiento del tratamiento que tiene prescrito, que es donde está la clave de la mejora de la situación.

Un ejemplo extremo del pensamiento dominado por el locus de control externo es la superstición; no son pocas las personas que creen que su devenir está determinado por fuerzas externas, como la alineación de las estrellas o el «destino». Esta creencia sostiene que el destino está predeterminado y lleva a las personas que creen en ella al absoluto convencimiento de que sus decisiones forman parte de ese plan preconfigurado y no son fruto de la iniciativa personal. Los éxitos y los fracasos que tienen a lo largo de su vida han de ser tomados con cautela y resignación, sin que de ello se pueda sacar aprendizaje alguno que les permita tomar mejores decisiones.

Las personas que atribuyen la causa de sus vivencias a circunstancias ajenas a ellas tienden a tener una actitud vigilante respecto a la presencia de eventos que condicionan su vida, a fin de propiciarlos o evitarlos, y por tanto se sienten poco motivadas a desarrollar habilidades personales que les permitan manejarse de forma más exitosa.

Por el contrario, si consideras que tu estilo de vida, es decir, lo que haces en tu día a día influye en que te sucedan ciertas cosas y otras no (locus de control interno), cuidarás las decisiones que tomas y te esforzarás en mejorar tu comportamiento. Veamos los dos ejemplos anteriores en personas con este estilo de pensamiento:

«Qué mala suerte tengo. Llevo tiempo buscando una vivienda cerca del trabajo que me evite importantes gastos de tiempo y dinero para ir a la oficina todos los días. Ya no sé cuántos pisos había visto en

Internet, cuando encontré uno idóneo. El vendedor me anunció que tenía otros posibles compradores; el caso es que me costaba decidirme y cuando, más por agotamiento que por convicción, le llamé de nuevo para decirle que me quedaba con la vivienda, él me comunicó que ya había sido vendida. Me sentí contrariado conmigo mismo por haber demorado en exceso la decisión y por perder oportunidades; no es la primera vez que me sucede, aunque sí es la última. Si algo necesito o me interesa he de dedicarle el tiempo necesario para tomar la mejor decisión al respecto y llevarla adelante sin demora».

«Desde hace varios años mi hijo padece una enfermedad mental muy grave. Convive con mi marido y conmigo, que somos quienes nos ocupamos de él. Él no solo no es consciente de la enfermedad que tiene, sino que dice que está muy bien y los que están mal son los otros, y sobre todo yo. Se niega a tomar la medicación que le han prescrito y su estado psicológico está lleno de altibajos, lo cual nos tiene destrozados a su padre y mí. Cuando lleva una temporada en que está mejor, generalmente tras un ingreso en el hospital, tanto su padre como yo estamos muy centrados en que siga a rajatabla el tratamiento, y para ello colaboramos con él en la organización de las tomas diarias de la medicación; si se niega a tomarla sabe que nosotros le comunicaremos esta circunstancia a su médico, quien lo citará en su consulta y le recordará la necesidad de seguir el tratamiento para estar bien y evitar los ingresos hospitalarios. Vemos que poniendo cada uno de su parte todo va mejor».

En estos ejemplos las personas toman muy en cuenta la responsabilidad que tienen respecto de los eventos que viven, de tal forma que son conscientes de la influencia que tiene en su vida lo que hacen o dejan de hacer e; el esfuerzo que ponen en lo que hacen y sus habilidades para desenvolverse saben que constituye la clave del resultado.

Las características de las situaciones (si el acontecimiento es estresante o no, si la tarea a realizar requiere mucho o poco esfuerzo, si dispongo o no de los medios necesarios...) indudablemente influye en el resultado que se puede obtener. Pero, ¿solo esto es relevante?, ¿solo esto predice el resultado? Evidentemente no. Es clave tener el acierto de dirigir la mirada hacia lo que hiciste en dichas situaciones, reflexionar sobre ello y determinar las mejoras con que tu comportamiento aportaría resultados más exitosos en futuros eventos con mayor probabilidad.

De los señalados, las convicciones personales son el segundo mecanismo que tiene una notable influencia en los pensamientos. El doctor Leon Festiner, psicólogo y miembro de la Asociación Estadounidense para el Avance de la Ciencia, realizó numerosas investigaciones intentando desvelar cómo influyen las creencias en el comportamiento humano, y fruto de ello encontró resultados sumamente sorprendentes que dieron lugar a su teoría sobre la disonancia cognitiva.

Observa el doctor Festiner que toda persona se esfuerza por mantener una sólida coherencia entre sus creencias, sus actitudes y las conductas vinculadas a sus experiencias personales. Lo que realmente le interesaba era saber qué sucede cuando estos elementos no concuerdan y por tanto no tienen coherencia; es decir, qué sucede cuando entre ellos se generan disonancias.

Tomando un caso concreto, una creencia que identifica el consumo de tabaco como dañino para la salud tendría que conllevar una actitud adversa hacia el tabaco.

Creencia		Actitud
«El consumo del tabaco es perjudicial para la salud» «Prefiero estar sano que estar enfermo»	⟷	«Fumar es malo» «Se ha de evitar fumar»

Hasta aquí todo es coherente, y por tanto no disonante, pero esta armonía se rompe en el momento en que la persona empieza a fumar.

Conducta		Creencia
Fumar	⟿	«El consumo del tabaco es perjudicial para la salud» «Prefiero estar sano que estar enfermo»

La disonancia causa una tensión que incomoda de forma continua y que suele llevar a la persona a buscar soluciones que reduzcan el malestar, incluso a cualquier precio. ¿Cuál es la moneda de cambio que suele usarse? Los estudios del equipo del doctor Festiner señalan que autoengañarse es la estrategia más usada para aliviar el malestar causado por la disonancia.

√ **Autoengañarse hace posible que se reduzca la tensión generada por la disonancia entre la conducta que tiene la persona y sus propias creencias, y a medida que la tensión se diluye, la conducta (fumar) se incrementa.**

Conducta	Creencia
Fumar	«El consumo del tabaco es perjudicial para la salud» «Prefiero estar sano que estar enfermo»

Actitud
«Conozco a muchas personas que fuman mucho más que yo y tienen una salud de hierro»

A toda persona que comparte con los fumadores su convicción sobre los efectos nocivos del tabaco para la salud le resulta sumamente difícil entender cómo estos pueden ser capaces de fumar, hasta que se da cuenta de que el falso bálsamo que ellos utilizan para aplacar la esperable actitud negativa hacia el tabaco es relativizar sus insalubres efectos. «Llevo años fumando y ni un catarro he tenido», o, en una desbordada iniciativa de creatividad, atribuirle efectos positivos para su estado personal: «A mí el tabaco me tranquiliza», «fumar a primera hora de la mañana me ayuda a expectorar y así limpiar de mucosidad los pulmones, y con ello respirar mejor».

Esta falsa ficción que genera el autoengaño pudiera parecer poco relevante, pero los hechos indican que ha de ser tomada muy en cuenta si se quiere tener una oportunidad para salir del tabaquismo o de otras conductas inadecuadas e incluso indeseables como el maltrato.

Parece lógico que no se trate mal a una persona a la que se quiere, salvo para un maltratador, que hace uso del autoengaño para justificar lo injustificable: «Si te digo lo que has de hacer es porque me preocupo por ti», «ya que tú no eres capaz de hacer las cosas como es debido, tendré que ponerme serio para que hagas lo que tienes que hacer y hacerlo bien», «no puedo quedarme impasible cuando veo que te equivocas a menudo», «es inaceptable que tras tus errores no aceptes hacer lo que te digo para solucionarlo».

Además del autoengaño, hay otras estrategias para reducir la tensión generada por la disonancia entre la conducta y las creencias que tiene una persona; así, cuando las convicciones personales apuestan por el bienestar y la conducta, no es porque dicha conducta esté amparada por actitudes que la justifican: «La seguridad al volante es importante, pero tengo una cita que me puede cambiar la vida y no puedo llegar tarde», «voy a darme a la buena vida; me lo merezco tras años de esfuerzos y sinsabores. Tanto cuidarme para nada; voy a hacer todo lo que en cada momento me apetezca y punto». Para modificar un comportamiento peligroso se han de enfrentar y desmontar con firmeza las actitudes justificativas que lo sostienen.

No es fácil modificar estos engranajes que forman las creencias (actitudes, conductas) cuando están causando daño a la persona; para ello hay que dar un primer paso, que es no permitir que funcionen de forma automática sin estar sometidas al análisis y el control consciente y racional. Por ello se han de identificar las convicciones personales (creencias) y a partir de ahí analizar de forma objetiva si el comportamiento es o no coherente con ellas.

Si la relación creencias-conductas es saludable para la persona se han de potenciar las actitudes que también forman parte de este engranaje.

Creencia	Conducta
«Evitar conflictos es importante para la convivencia. Todos nos equivocamos a veces»	«Hemos de hablar de lo sucedido; dime cuándo puedes»

Actitud
«A pesar de que me lo ha hecho pasar mal, puede que no lo haya hecho con mala intención». «Antes de ofuscarme es mejor hablar y tener bien claro lo sucedido»

Si la relación creencias-conductas no es saludable para la persona, se han de evaluar:

- Si las creencias son adecuadas o no.
- Si las conductas son beneficiosas o no.

Y en ambos casos, valorar el papel que juegan las actitudes.

Creencia (adecuada)	Conducta (beneficiosa)
«El vino no es malo para la salud»	Tomar vino de forma moderada, si el estado de salud lo permite

Actitud
«Me viene bien y me agrada tomar una copa de buen vino a la hora de cenar»

Creencia (adecuada)	Conducta (no beneficiosa)
«El vino no es malo para la salud»	Ir incrementando el consumo de vino en la cena y actualmente tomarlo en exceso

Actitud
«Beber me relaja cuando estoy preocupado y me ayuda a dormir; todo son beneficios»

Creencia (inadecuada)	Conducta (beneficiosa)
«*Tengo derecho a decir lo que pienso*»	No aceptar una exigencia injusta, a pesar de que esto pueda no agradar a la otra persona

Actitud
«*Lo que a todos beneficia es tarea de todos*»

Creencia (inadecuada)	Conducta (no beneficiosa)
«*Tengo derecho a decir lo que pienso*»	Calificar de forma insultante a otra persona por su forma de expresarse

Actitud
«*Le estoy haciendo un favor y soy honesto; las otras personas no le dicen nada y se ríen de él a su espalda*»

Si tienes conductas que dañan tu bienestar o el logro de tus proyectos personales, siempre hay pensamientos que las justifican y con ello mantienen. Para eliminarlos, en primer lugar has de detectarlas para a continuación analizarlas y ponerlas en cuestión. Esta habilidad personal es determinante para obtener buenos desempeños. Los ejemplos siguientes ilustran cómo dos personas decidieron hacer frente al mismo reto personal.

«Me gustaría conocer a esa chica, pues desde hace tiempo me siento atraído por ella (actitud). Pero para qué voy a ir a hablar con ella pues me pondré muy nervioso; de hecho ya estoy nervioso solo con pensarlo; no sabré qué decirle ni cómo decírselo, puedo

llegar incluso a tartamudear (creencia). *Para fracasar es mejor dejar para otro momento las iniciativas de acercamiento* (conducta).

a. *Quizás no es que me guste esa chica; tal vez es que me estoy obsesionando con ella* (cambio de actitud) *y de ahí que mis temores y reticencias a interactuar con ella* (conducta) *estén más que justificados».*

b. *Cada vez que la veo siento que mi corazón palpita con fuerza; me ilusiona conocerla* (actitud) *y tengo derecho a intentar ser feliz* (creencia). *Estoy seguro de que me voy a poner nervioso cuando me acerque a ella y le hable* (creencia), *y por ello he de adquirir las habilidades sociales que me permitan dar el paso e interactuar con ella* (cambio de conducta)».

El tercer mecanismo que influye en los pensamientos (y estos sobre la conducta) son las distorsiones cognitivas o creencias irracionales. El doctor David Burns, psiquiatra y gran divulgador científico, tiene en su haber la publicación del que puede decirse que ha sido el libro de autoayuda más popular: *Sentirse bien*.

Uno de sus mayores esfuerzos lo ha destinado a concienciar sobre una cuestión que considera central para toda persona que quiera mejorar su estado personal y su bienestar, como es entender por qué a una persona que tiene pensamientos distorsionados sobre las situaciones que vive le parecen de lo más sensatos.

Numerosas personas a las que he atendido a lo largo de mi vida profesional me han señalado su desconcierto e incluso su incredulidad ante la posibilidad de que al mismo tiempo se puedan tener pensamientos racionales y ajustados a la realidad junto con otros irracionales y distorsionados respecto de los eventos que se viven. Su actitud es de todo punto esperable, ya que, como señala Burns, estos últimos se dan en mayor medida cuando se tiene un estado emocional alterado y también por presentarse de forma automática; ambas circunstancias dificultan el poder apercibirse de su presencia.

Estando por ejemplo en un estado de intenso enfado, los pensamientos que se poseen tenderán a corresponderse más con este estado emocional que con la realidad de los eventos que se viven, y además esta distorsión pasará desapercibida para la mayoría de las personas. La cuestión que esto ilustra es que se vive condicionado por el estado emocional, y esto puede llevarnos a no percibir cómo son realmente las vivencias personales. «Con gafas oscuras apenas se ve el brillo de cuanto nos rodea», todo lo cual dificulta el que se tomen buenas decisiones.

Suele decirse, y con toda razón, que «cuando se está muy alterado es mejor evitar tomar decisiones»; el problema está en no darse cuenta de que el estado emocional está alterando severamente la visión que se tiene de la realidad que se vive, y que eso lleve a tomar decisiones movidas por las emoción que se siente y no por las situaciones que se viven o por los objetivos personales.

Actuar movido, por ejemplo, por la rabia, suele conllevar conductas arriesgadas, dar una imagen de persona impulsiva y con frecuencia cerrarse muchas puertas; esto es bien sabido, pero la cuestión es que en numerosas ocasiones se actúa así sin ser consciente de que es la rabia la que dirige el comportamiento que se tiene. A esto se une el que son los pensamientos irracionales asociados a la rabia los que amparan dichas conductas.

En síntesis, los pensamientos irracionales, y por tanto distorsionados, no se corresponden con la realidad de las situaciones que se viven; estos aparecen de forma automática impulsados por el estado emocional, que interfiere en la interpretación que la persona hace de cada evento que vive.

√ **Los pensamientos irracionales distorsionan la visión de:**

- **Los eventos vividos**
- **La propia persona**
- **El futuro**

Nada escapa a la negativa influencia de este tipo de pensamientos. Lo que se vive es interpretado de forma desajustada, de modo que no se piensa que «es un fastidio no haber aprobado el examen» y sí que «es terrible no haber aprobado el examen». La propia persona sufre el maltrato de afirmaciones hirientes: «Soy un desastre» en lugar de «me he confiado». Todo esto influye en la visión que se tiene de los acontecimientos futuros y las decisiones que en adelante se tomen; los pensamientos irracionales promueven pensamientos como este: «Nunca sacaré este examen ni ascenderé en la empresa» y dificultan tenerlos de este tipo: «El próximo examen lo prepararé a fondo».

Un ejemplo para ilustrar lo indicado son los pensamientos que Sara ha registrado en relación con una eventualidad que le ha impactado emocionalmente.

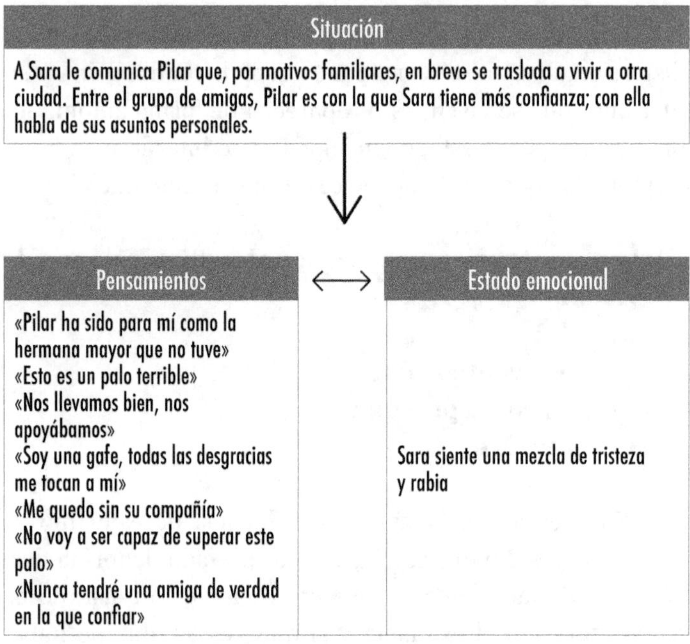

Como vemos, se mezclan pensamientos racionales con otros irracionales o distorsionados:

Pensamientos racionales	Pensamientos irracionales
«Pilar ha sido como la hermana mayor que nunca tuve» «Nos llevamos bien, nos apoyábamos» «Me quedo sin su compañía»	«Esto es un palo terrible» (sobre la situación) «Soy una gafe, todas las desgracias me tocan a mí» (sobre la propia persona) «No voy a ser capaz de superar esto» (sobre el futuro) «Nunca tendré una amiga de verdad en la que confiar» (sobre el futuro)

Los pensamientos han sido objeto preferente de estudio por parte de la psicología, sobre todo por su relación con la conducta y el estado emocional, estando cada vez más claro que estos tres elementos del comportamiento humano se influyen mutuamente. Asimismo, numerosos estudios científicos han venido acreditando en los últimos años la relación entre los pensamientos y la activación fisiológica.

Son varios los especialistas que han sido clave en el estudio del pensamiento humano y el desarrollo de técnicas para su mejora; entre ellos están el psicoterapeuta, reconocido internacionalmente, doctor Albert Ellis, y el psiquiatra y profesor doctor Aaron Beck. Ambos observan que cuando una persona sufre de forma excesiva a consecuencia de una situación que ha vivido, no es tanto a consecuencia de la situación como de la forma en que la valora.

Estos expertos consideran que, al experimentar un evento negativo, es esperable, e incluso saludable, tener un cierto estado de malestar, siempre y cuando sea acorde la intensidad del estado emocional y el evento; observan que esto es incluso adaptativo, pues facilita un buen afrontamiento de la situación. A Ellis y a Beck les inquieta el porqué una persona experimenta un nivel de malestar que no se corresponde de forma justificada con las características del evento que dice ser el causante de su sufrimiento, y por qué una persona no experimenta una esperable satisfacción o alegría ante un evento positivo, como es alcanzar un logro personal.

Como hemos visto, las situaciones que se viven son explicadas por pensamientos que generan emociones, y ambos se influyen mutuamente, pudiendo llegar a no ser acordes con la situación que los ha impulsado, lo cual es también fruto de un segundo factor, las creencias irracionales.

Los doctores Ellis y Beck identifican que las personas que presentan estados emocionales alterados tienen esquemas mentales que influyen en los pensamientos que se les generan ante las distintas situaciones que viven, de tal forma que los mismos no son acordes con las situaciones. Este es un círculo vicioso (o «prisión mental» en opinión del doctor Burns) que lleva a interpretar las experiencias personales de forma desajustada y trae consigo que se disfuncione el estado emocional, lo cual agrava el nivel de distorsión de los pensamientos.

√ **Para evitar sufrir un malestar excesivo que no está justificado por los eventos que se viven es clave autocontrolar los pensamientos desajustados, ilógicos, irracionales, no acordes y no coherentes con las situaciones que los impulsa, detectándolos y cuestionándolos de forma decidida.**

El doctor Ellis señala la utilidad de analizar lo que piensas en situaciones adversas, para en primer lugar detectar aquellos pensamientos distorsionados por creencias irracionales, y segundo, permitirte rechazar aquellos disfuncionales y así evitarte tener un malestar excesivo e injustificado, además de dificultarte el logro de tus objetivos personales.

Los pensamientos distorsionados son promovidos por creencias irracionales de varios tipos, que se pueden ordenar por sus iniciales de la A a la E para facilitar su manejo:

1. Autoexigencia excesiva
2. Baja tolerancia a la frustración
3. Catastrofismo
4. Desvalorización
5. Expectativas negativas de futuro

1. **Autoexigencia excesiva** es la creencia que da lugar a autorequerimientos inflexibles y desmesurados sobre el desempeño que se ha de tener; por tanto, no se admite la mejora continua o el progresivo avance en el logro de los objetivos personales. El resultado ha de ser perfecto, y de no ser así será valorado como un fracaso cuyo culpable es uno mismo por no haber hecho todo lo necesario

para obtener un resultado óptimo. Esta creencia no sirve para mejorar el funcionamiento personal o corregir los errores cometidos, sino que solo vale para autodescalificarse de forma descarnada. Esta creencia alimenta sentimientos de insatisfacción y culpabilización que en nada ayudan a volver a intentar lograr lo que se desea, ni animan a buscar acciones más exitosas.

2. **La baja tolerancia a la frustración** está detrás del firme convencimiento de que no se es capaz de soportar el malestar que una situación adversa puede generar; incluso hace que se considere inadmisible e injusto sentirse mal. Esta creencia también lleva a la persona a creer que los problemas que se le presentan son demasiado difíciles de resolver. Con frecuencia las emociones de rabia y profunda tristeza dan como fruto pensamientos alimentados por esta creencia irracional. Rabia con la vida por sentir malestar y tristeza por tener la convicción de no tener suficiente capacidad para hacer frente a los retos del día a día.

3. **El catastrofismo** se caracteriza por una visión exageradamente negativa e irreal de las situaciones que se viven; se magnifica lo negativo de tal forma que las cosas no pueden ser peor de lo que son, ya que son insoportablemente terribles. Con frecuencia esta creencia también se manifiesta en el uso de términos propios de excesiva generalización como «nunca», «siempre», «todo», «nada», que no se corresponden con una visión racional de las circunstancias concretas, a las que es más acertado referirse con «a veces», «algunas veces», «bastantes veces», «muchas veces», «esta parte está resuelta», «hay que solventarlo...». Esta creencia a su vez da lugar a la

tendencia de infravalorar lo positivo de lo que se vive y apenas dar importancia y valor a los logros obtenidos. Toda esta dinámica lleva a la persona a un estado de angustia que impregna todo lo que hace.

4. **La desvalorización** de uno mismo es un resultado tan esperable como cierto de la presencia de las anteriores creencias irracionales, dando lugar a que la persona se autoetiquete como «fracasada», «incapaz», «dejada» u otras lindezas. Este esperable resultado de la autocrítica despiadada causa tristeza y pena, que dominan el estado de ánimo de una persona maniatada por esta creencia.

5. **Las expectativas negativas de futuro** se generan a consecuencia de repetidas e inadecuadas valoraciones irracionalmente negativas de las experiencias personales, que ensombrecen la visión de lo que se puede esperar de las situaciones venideras; desesperanza es la emoción de una persona que de hecho ha «tirado la toalla».

6.

Creencias irracionales	Pensamientos distorsionados o disfuncionales
Autoexigencia excesiva	«Debo o debería...»; «Tengo» que o tendría que...»; «He de...»
Baja tolerancia a la frustración	«No puedo soportar este sufrimiento, yo debería ser feliz»; «Es injusto que sienta esta tristeza»
Catastrofismo	«Es terrible que...»; «Es un desastre que...»; «Tampoco tiene tanta importancia que yo haya logrado...»; «Nunca...», «Siempre...», «Todo...», «Nada...»
Desvalorización	«Soy un... fracasado, incompetente, incapaz, inútil, perdedor...»
Expectativas negativas de futuro	«Qué desastre, tal y como me imaginaba no debo hacerme ilusiones»; «Siempre sucede lo mismo, para qué esforzarme»

Estos pensamientos no te ayudan a afrontar mejor las situaciones que vives, sobre todo aquellas que te causan estrés, puesto que generan emociones negativas de excesiva intensidad, lo cual dificulta la toma de buenas decisiones.

Vigila la presencia en tu mente de este tipo de pensamientos que en nada te ayudan. Identifícalos, no para sustituirlos por otros más amables o más agradables, sino para cuestionarlos en tanto que no son un reflejo fiel y objetivo del evento que los ha generado.

Observa varios tipos de pensamientos que pueden darse ante la misma situación; valóralos en base a dos criterios:

1. Lo adecuados que son para la situación (¿se ajustan a la situación?)
2. Lo que te facilitan o dificultan el afrontar en próximas ocasiones la misma situación (¿ayudan a tener un mejor desempeño personal?)

Situación: apenas haber intervenido en una reunión para la que habías preparado un amplio listado de propuestas. Pensamientos tras la reunión:

a. «Me esfuerzo en preparar mis propuestas y acaba la reunión sin haber abierto la boca; soy un desastre».

«Seguro que todos mis compañeros piensan que no me esfuerzo en mi trabajo, y en próximas reuniones no van a contar conmigo».

b. «He sido muy responsable preparando bien mis propuestas para la reunión».

«No he de incomodarme por no haberlas expuesto; otra ocasión habrá».

c. «Me hubiera gustado haber expuesto todas mis propuestas, que con tanto detenimiento he trabajado. Al principio de la reunión estuve absorto revisando mis anotaciones y no pedí que se me incluyera en el turno de intervenciones; en la próxima reunión voy a estar atento a que se me incluya».

Un buen ejemplo de la importancia de manejar lo que pensamos, para que nos sirva de ayuda y no de impedimento, lo vemos en los tenistas. He de reconocer que me gusta el tenis, puesto que, aunque dos jugadores compiten, en realidad cada jugador lo hace consigo mismo, cuidando a lo largo del partido que su rendimiento sea óptimo. El tenista ganador, además de ocuparse de tener regulado su estado fisiológico, mantiene un continuo diálogo interno, todo ello con el objetivo de que su nivel de concentración y su rendimiento sean los máximos posibles; si este engranaje falla, se aleja la posibilidad de obtener una victoria.

√ **Para que tus capacidades te ayuden a tener el mejor rendimiento, tus pensamientos han de ser facilitadores.**

Está en tus manos elegir cómo valoras las experiencias que vives. Elige lo que te ayude a superar las dificultades y avanzar; decide a tu favor.

Para facilitar el que identifiques si acostumbras a atribuir la causa de los acontecimientos que vives a factores internos o externos, puedes acceder a la Escala de Locus de Control con ayuda del siguiente código QR:

EMOCIONES

«Dices que las emociones están sobreestimadas, pero eso es mentira. Las emociones son todo lo que tenemos».

Harvey Keitel

Las emociones son como el sabor que nos queda en el paladar tras haber comido un alimento, la síntesis de la experiencia culinaria. Así, toda experiencia nos deja un poso emocional.

Tienen un valor adaptativo, pues sirven para comunicar el estado en que la persona está, por lo que también tienen un valor social, pues trasmiten cómo se está sintiendo, lo cual en ocasiones es delicado. Desvelar cómo nos sentimos no está bien visto en numerosas culturas, sobre todo cuando se está embargado por emociones negativas que producen malestar; ejemplo de ello son la cultura japonesa o la anglosajona. Esto también sucede de forma individual, cuando has tomado la decisión de ocultar tu estado emocional.

Veamos un par de ejemplos. ¿Cómo vas a trasmitir miedo y desesperanza cuando visitas a una persona hospitalizada? ¿Cómo vas a manifestar rabia al explicar a tu hijo lo inadecuada que ha sido su conducta y la forma en que ha de comportarse en futuras ocasiones?

Las emociones pueden ser agradables o no, pero no son las responsables de que te sientas bien o mal. Cómo te sientes es resultado de tu estado de regulación fisiológica, de las conductas que realizas y de los pensamientos que tienes en las situaciones que vives; por tanto, es la forma de gestionar las situaciones (si regulas o no tu estado fisiológico, lo que haces y tus pensamientos) lo que genera el que experimentes una u otra emoción y que te sientas bien, mal, o aceptablemente bien para el tipo de situación vivida.

√ **Ante un evento traumático lo esperable y deseable es sentirse mal; la clave está en la forma de afrontar dicha situación para que no te resulte destructiva.**

Las emociones son por tanto una señal del estado psicológico en que se está. Para facilitar la comprensión de esto, veamos el ejemplo de la fiebre, cuya presencia indica que se está padeciendo alguna alteración, que es la que ha de ser objeto de la intervención. Tratar la fiebre no es la opción adecuada, salvo en personas vulnerables, pues con ello se pierde una información que puede ser relevante acerca de la evolución de la enfermedad. Observar las emociones que sientes, o que manifiestan otras personas, ayuda a entender cómo te estás sintiendo o cómo se sienten dichas personas; las emociones sirven para comunicar, lo cual es de mucha utilidad para las interacciones sociales.

A los escasos 6 meses de edad los bebés discriminan en sus progenitores o cuidadores emociones de alegría, ira y miedo, y esta información la utilizan para moldear su conducta. La adecuada interpretación de las emociones tiene un valioso efecto adaptativo, hasta el punto de ser esencial en la comunicación en los primeros años de vida.

El psicólogo estadounidense Paul Ekman, profesor del departamento de Psiquiatría de la Universidad de California, notable estudioso de las emociones y de las expresiones faciales, indicó las 6 emociones básicas que tradicionalmente han contado con gran aceptación por parte de la comunidad científica. Ante cualquier experiencia vital sentiremos una o varias de ellas, las cuales están presentes en las personas con independencia de su ámbito geográfico e intercultural.

Alegría

- Es fruto de la satisfacción de obtener un buen resultado en la realización de una tarea o el logro de un objetivo personal.
- Toda buena noticia, sobre todo aquella deseada y recibida en un momento inesperado, hace que brote con fuerza.
- Favorece la positiva interpretación de los acontecimientos que se viven, propiciando tanto la empatía como la simpatía.
- Obtener una buena noticia, recibir el apoyo de personas significativas, el reconocimiento por la labor realizada, observar que se cumplen nuestros deseos, ver materializado un proyecto en el que se viene trabajando, son, entre otras, situaciones que la generan.

Sorpresa:

- Se da ante una situación desconocida y también es fruto del impacto de un resultado desconcertante.
- Esta emoción, que se presenta de forma breve, nos lleva a la búsqueda de explicaciones y a orientar las siguientes iniciativas.
- Es resultado, por ejemplo, del sobresalto tras recibir un encargo, del desconcierto al observar que un mecanismo no funciona como se esperaba, o del asombro ante la respuesta totalmente inesperada de una persona.

Tristeza:

- Está asociada al desánimo, al pesimismo, y en última instancia a la desesperanza, cuando se piensa que todas las puertas se cierran, que no hay solución o posibilidad de mejora.
- La pérdida de una persona querida, el fracaso en el logro de objetivos personales, la decepción por el incumplimiento de expectativas o el estado de indefensión son ejemplos de situaciones que hay detrás de esta emoción.

Aversión:

- Esta emoción tiene un gran valor adaptativo, pues señala aquello que puede causar daño a la salud física y mental.
- Como consecuencia de esta emoción se siente un intenso rechazo y se tiende a alejarse de aquello que la produce.

- Afortunadamente sentimos asco hacia alimentos que no cuestan con un estado apropiado para su consumo. Sentimos rechazo cuando nos damos cuenta de que aquello que venimos haciendo nos perjudica.

Miedo:

- También esta emoción tiene un gran valor adaptativo, en tanto que nos hace anticipar y tomar precauciones ante circunstancias peligrosas. Deja de tener un valor positivo cuando limita de forma determinante el desarrollo personal.
- No solo anteceden a esta emoción las situaciones peligrosas, pues también suelen generarla las experiencias novedosas y aquellas que causan incertidumbre, sufrimiento o dolor.
- Los niños se alejan de personas desconocidas y les cuesta exponerse a situaciones nuevas, todo lo cual tiene un gran sentido para su supervivencia.

Ira:

- Es resultado de la frustración ante el fracaso o a raíz de ser amenazado.
- Tiene un valor positivo solo en caso de motivar la búsqueda de soluciones a los conflictos.
- Rabia y violencia siempre emergen de la frustración, de la incapacidad de aceptar la contrariedad. Esta incapacidad da lugar a actitudes de hostilidad que pueden conducir a conductas agresivas.

Las emociones más vinculadas a las relaciones sociales son la vergüenza, la culpabilidad y la confianza.

√ **El cuerpo, y sobre todo la cara, manifiestan mediante un amplio menú de gestos las emociones que se experimentan. Ekman indica que hay al menos 42 tipos diferentes de expresiones faciales para comunicar la complejidad emocional del ser humano.**

Sobre todo tras haber vivido una experiencia muy estresante es frecuente que se esté en un estado de confusión, de agitación emocional, en el que varias emociones estén presentes. («No sé qué es lo que siento, pues la rabia y el miedo me embargan por igual»).

El fallecimiento de un ser querido, recibir un diagnóstico grave, una ruptura sentimental y la pérdida del trabajo o un serio problema económico son eventos que conllevan un importante impacto emocional, el cual ha sido estudiado en profundidad por la psiquiatra suizo-estadounidense Elisabeth Kübler-Ross, que lo denominó el «proceso de duelo» y que conlleva los siguientes 5 pasos:

1. Negación
2. Ira, miedo
3. Negociación
4. Depresión
5. Aceptación

No es fácil aceptar un duro golpe cuando la vida nos lo da, sobre todo cuando es del todo inesperado; de ahí el que la sorpresa, el desconcierto, y por tanto la negación, sean las emociones que dominan en los primeros momentos. («Siento que esto es una pesadilla, que no es real»). No se admite que el hecho traumático haya sucedido o se relativiza la gravedad del mismo.

Con el paso de los días, y al comprobar los efectos de la pérdida, se va tomando consciencia de lo sucedido, lo que enciende emociones de ira, frecuentemente acompañadas de un intenso miedo. Rabia hacia aquellos que se fueron y contra quienes causaron la tragedia: «Por qué me dejaste sola; tu apoyo y tu presencia daban sentido a mi vida», «esto no va a quedar así; se van a enterar». Miedo e incertidumbre ante las consecuencias de la situación, ante las exigencias que causa: «¿Qué voy a hacer yo ahora?». El negativo impacto en el estado emocional y las dificultades para reconducir el malestar suelen dar lugar a la búsqueda de culpables de lo sucedido.

Poco a poco van apareciendo pensamientos explicativos de lo acontecido que con frecuencia generan sentimientos de culpa, muchas veces autoculpándose por lo que se hizo o lo que se dejó de hacer: «Apenas le dije lo mucho que lo quería», «si yo no hubiera pasado por aquel sitio, nada hubiera sucedido». Esta búsqueda de explicaciones tiene lugar sin aún asumir el evento traumático.

Los pasos previos del proceso van influyendo en el estado de ánimo, que acaba presentando intensa apatía, desánimo y en ocasiones depresión, a consecuencia de empezar a asumir la dureza de la situación personal en la que está y el repetido recuerdo del evento traumático vivido: «Ya no puedo sufrir más, no me quedan fuerzas». Asumir la situación, aun siendo necesario, tiene un importante coste emocional.

Llegar a aceptar que se ha recibido un golpe imponente fruto de un evento sumamente desafortunado es un paso esencial para poderlo afrontar de forma saludable. Es normal y esperable tener actitudes inadecuadas y tomar iniciativas poco acertadas ante el impacto de una situación traumática, como también es necesario llegar a asumirla. Asumir, o aceptar, no conlleva olvidar; implica vivir con lo sucedido, e incluso a pesar de lo sucedido, permitiendo mirar hacia el futuro y así no quedar atrapado. «Creo que nunca voy a olvidar lo sucedido, pero he de recomponer mi día a día, pues el resto de mi familia me necesita».

En este ejemplo podemos ver cómo las emociones cambian a lo largo del proceso; cambian porque en cada paso se modifican las actitudes, los pensamientos y las conductas que la persona tiene, lo cual hace que se modifique el estado emocional que se experimenta.

Son muy numerosas las palabras que aluden a las emociones; ira, furia, ultraje, resentimiento, cólera, exasperación, indignación, aflicción, acritud, animosidad, fastidio, irritabilidad, hostilidad, violencia, odio, tristeza, congoja, pesar, melancolía, pesimismo, pena, autocompasión, soledad, abatimiento, desesperación, depresión, temor, ansiedad, aprensión, nerviosismo, preocupación, consternación, inquietud, cautela, incertidumbre, pavor, miedo, terror, fobia, pánico, placer, felicidad, alegría, alivio, contento, dicha, deleite, diversión, orgullo, placer sensual, estremecimiento, embeleso, gratificación, satisfacción, euforia, extravagancia, éxtasis, manía, amor, aceptación, simpatía, confianza, amabilidad, afinidad, devoción, adoración, infatuación, ágape, sorpresa, conmoción, asombro, desconcierto, disgusto, desdén, desprecio, menosprecio, aborrecimiento, aversión, disgusto, repulsión, vergüenza, culpabilidad, disgusto, remordimiento, humillación, arrepentimiento... La prolija cantidad de vocablos para referirse a las emociones indica la gran importancia que se les da.

√ **Observar las emociones que tienes te aporta información relevante acerca de tu estado actual, pero si tienes el objetivo de favorecer tu desarrollo personal, o superar estados psicológicos disfuncionales, tus pasos han de dirigirse tanto a mejorar tu regulación fisiológica como a tener conductas y pensamientos más adecuados.**

Con el logro progresivo de tus objetivos experimentarás cambios en tus emociones que serán reflejo del cambio de tu estado personal.

Puedes identificar tu capacidad de comprensión y expresión de las emociones, así como de la regulación de tus estados emocionales, accediendo al Test de Inteligencia Emocional con ayuda del siguiente código QR:

SEGUNDA PARTE

Manejo del estrés

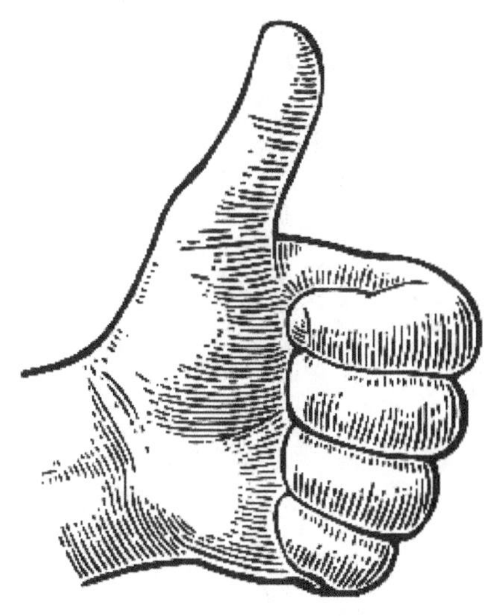

CUIDA TU ESTADO FISIOLÓGICO

«El cuerpo es el instrumento del alma».

Aristóteles

Nuestro organismo es el resultado de miles de años de evolución, fruto de la selección natural. Es el producto de un sinnúmero de cambios aleatorios en el organismo de nuestros ancestros, de los que quedaron solo aquellos que habilitan para ser un excelente cazador-recolector. Ese es el que hemos recibido y tenemos. Nuestro organismo es un mecanismo magnífico que se configuró para facilitar el desenvolvimiento y la supervivencia en entornos naturales, donde se sufren ataques de depredadores, donde se ha de cazar para sobrevivir, donde las situaciones de estrés ponen en peligro la integridad y la vida del individuo.

Todavía hoy, muchos miles, o quizás millones de personas, viven de forma muy parecida a la de nuestros ancestros; otros millones, como tú y como yo, vivimos en entornos llamados civilizados, donde necesitamos muy poco tiempo y esfuerzo para disponer de la comida que queremos, y los estresores que tenemos son mayoritariamente de tipo social. ¿Cómo un organismo diseñado para depredadores puede facilitarnos un buen manejo en un entorno de constantes y complejas interacciones sociales? Pues bien, es perfectamente posible que nuestro organismo nos ayude, lo cual es imprescindible para un adecuado desempeño, y para ello nosotros hemos asimismo de ayudarle a él poniendo las condiciones que faciliten su buen funcionamiento.

√ **Es importante activarse fisiológica y cognitivamente cuando sea necesario y tanto cuanto sea necesario, siendo también clave reducir cada cierto tiempo el nivel de activación, y siempre que lo requieran la situación o la actividad que se realice.**

Favorecer este equilibrio en el nivel de activación del organismo y su acomodación a las situaciones vitales hace posible un buen rendimiento, la recuperación de la energía consumida y el cuidado de la capacidad de respuesta.

Reconozco que tengo una especial afinidad a los gatos, ya que poseen numerosas virtudes. Una de ellas, por la que podemos estarles muy agradecidos, es que nos dejan vivir en su casa. Otra no menos relevante es que son un ejemplo de eficacia y eficiencia en la gestión de la activación y desactivación fisiológicas, y por tanto en el uso de sus recursos fisiológicos. Las activan cuando la situación así lo demanda, y usan sus recursos fisiológicos con una intensidad y duración acordes con la situación. Quien tenga un gato lo ha visto a menudo. Está tumbado, inmóvil y lleva tiempo profundamente dormido cuando de repente se activa, rápidamente se incorpora y se coloca en posición de alerta mirando en dirección del ruido que se acaba de producir; si no se repite en poco tiempo volverá a relajarse y no seguirá gastando innecesariamente recursos fisiológicos. Como los humanos, ¿verdad?

Siento envidia de ellos; cuando experimentan una situación estresante, reaccionan, y se relajan cuando esta pasa. Siento envidia, pues soy muy consciente de las dificultades que tenemos las personas para acomodar nuestro nivel de activación fisiológica y cognitiva a la situación en la que estamos o la actividad que estamos realizando.

«Sigo en tensión horas después de haber tenido una experiencia molesta».

«Por más que intento dormir, no cojo el sueño; las obligaciones que mañana tengo que atender se me vienen repetidamente a la cabeza».

Cuando se está en una situación estresante o se realiza una actividad que exige concentración o esfuerzo físico, el organismo se activa; cuando la situación o la actividad terminan el organismo reducirá su nivel de activación, salvo que se den tres circunstancias, que desafortunadamente son habituales:

1. El lento proceso de desactivación que tiene una persona con estrés agudo.
2. La extrema dificultad que tiene una persona con estrés crónico para reducir su nivel de activación.
3. Los recuerdos de la situación estresante que invaden el pensamiento de forma reiterada, interfiriendo en el proceso de reducción del nivel de activación.

√ **El organismo es capaz de regularse; no hemos de ponerle impedimentos, sino favorecer que realice esta tarea, que es vital para la salud, el bienestar y el rendimiento personal.**

La Respiración Terapéutica Personalizada y la Relajación Muscular Progresiva permiten favorecer la regulación de la actividad fisiológica, y con ello facilitar la reducción del nivel de estrés mediante el manejo de sus manifestaciones fisiológicas. Por tanto, el aprendizaje de estos procedimientos aporta valiosas competencias personales, y dichas técnicas forman parte de intervenciones terapéuticas en alteraciones psicológicas y psicosomáticas.

Hoy en día se sabe que la respiración no es solo una constante vital que nos permite vivir, puesto que también es un regulador de la actividad fisiológica. Veamos la apasionante historia de la investigación científica que ha permitido descubrir las características que ha de tener la respiración para facilitar el manejo del estrés.

Los primeros estudios sobre los usos de la respiración para este fin llevan a establecer su utilidad para mejorar la oxigenación corporal, lo cual conlleva un menor esfuerzo cardíaco y un mayor control de la activación fisiológica. Estos resultados generaron el desarrollo de numerosas técnicas de respiración abdominal, activa, alternando orificios nasales, antipánico, coherente, contada, costal, cuadrada, diafragmática, diafragmática lenta, pasiva, profunda, en rectángulo, relajada, resonante, zen, 3-6-9, 4-7-8...

Durante décadas la respiración diafragmática es la que ha contado con mayor respaldo científico de las técnicas indicadas. Numerosos estudios indican su utilidad para controlar episodios de hiperventilación (altas tasas de frecuencia respiratoria), reducir la activación fisiológica y cognitiva, facilitar el control de la irritabilidad y el manejo de pensamientos estresantes. Respecto de la respiración diafragmática han de tenerse en cuenta dos aspectos críticos para su efectividad: por una parte es difícil determinar si el practicante de esta técnica está favoreciendo en cada una de las fases de su respiración la tensión y distensión de su diafragma; y por otra parte, la efectividad de la técnica es evaluada en base a la opinión subjetiva del practicante acerca de su nivel de estrés (o de relajación) antes y después de cada práctica de la técnica. Estas debilidades estimularon el desarrollo de una técnica de respiración que cuenta con el sólido apoyo de la ingente investigación realizada por la Psicofisiología Aplicada.

A este fin ha contribuido en gran manera el desarrollo biotecnológico, aportando numeroso aparataje que permite medir, y por tanto estudiar, las funciones fisiológicas y su influencia en el estado psicológico. Un buen ejemplo de ello es la actividad cardíaca. En consonancia con el impulso dado por la Organización Mundial de la Salud en los años 80, la comunidad científica cada vez toma más interés por disponer de parámetros fisiológicos o biomarcadores que permitan evaluar el estado físico o psicológico de una persona; así, la variabilidad de la frecuencia cardíaca es el biomarcador más utilizado para evaluar el nivel de estrés.

En este proceso fueron determinantes los estudios que realizó el psicólogo ruso Evgeny Vaschillo, afamado investigador de la psicofisiología cardíaca, que hicieron posible analizar los cambios que se dan en la frecuencia cardíaca durante cada fase de la respiración. Observó que el corazón se acelera al tomar aire y desacelera al echarlo, con la intervención en primer lugar del sistema nervioso autónomo simpático, y a continuación del parasimpático. La intensidad de este cambio de ritmo cardíaco es un sólido indicativo de la capacidad del organismo para regular su activación fisiológica.

Pronto se observó que frecuencia cardíaca de una persona en estado de estrés agudo o crónico tiene escasa variabilidad, es decir, que su corazón tiene un ritmo monótono (como si fuera un metrónomo) y su frecuencia apenas cambia a lo largo de cada respiración. Una elevada variabilidad de la frecuencia cardíaca es indicativa de estados de relajación y de una notable capacidad del organismo para regular su nivel de activación, y por tanto de poder acondicionarlo a las distintas situaciones y actividades que experimenta; por el contrario, una escasa variabilidad señala un alto nivel de estrés y una reducida capacidad del organismo para regular su nivel de activación y adaptarlo a las diferentes situaciones y actividades del individuo.

Numerosos investigadores en el campo de la Psicofisiología Aplicada, y entre ellos de forma notable los doctores Evgeny Vaschillo y Paul Lehrer, establecieron los fundamentos de la técnica de respiración basada en sus efectos sobre la variabilidad de la frecuencia cardíaca, cuyas características esenciales son:

1. El entrenamiento se realiza con el practicante cómodamente sentado o tumbado. La frecuencia respiratoria ha de estar entre 4,5 a 6,5 respiraciones por minuto cuando se está practicando esta técnica.

2. Cada sesión de entrenamiento puede incluir uno o varios ejercicios de respiración, cada uno de los cuales tendrá una duración de entre 5 a 15 minutos. Cuando se realizan varios ejercicios en una sesión, se repiten de forma consecutiva dejando un tiempo entre ellos de 5 minutos, durante el cual la frecuencia respiratoria del practicante será de libre elección. Cada sesión habrá de tener una duración no superior a 35 minutos.

3. Al practicar la técnica se ha de dedicar más tiempo a exhalar que a inhalar: una proporción idónea es 40 % a inhalar y 60 % exhalar. La respiración ha de ser pausada, nunca brusca ni forzada; no se tomará ni se echará el aire con excesiva fuerza, es decir, no se llenarán ni se vaciarán los pulmones en demasía. Es aconsejable tomar aire por la nariz y expulsarlo por la boca con los labios dejando una pequeña apertura, y con ello oponiendo cierta resistencia a la salida del mismo.

Dado que la frecuencia respiratoria de la población en situación de reposo es de una media de 12 respiraciones por minuto, se hace evidente el que respirar a una frecuencia notablemente inferior es algo ciertamente exigente. Cualquier persona puede beneficiarse de esta técnica de respiración, pero conviene personalizar las pautas del entrenamiento, tanto la frecuencia respiratoria como la duración de los ejercicios y sesiones para cada practicante, pudiéndose modificar estos parámetros a lo largo del entrenamiento. Por ejemplo, alargando la duración de los ejercicios y las sesiones de entrenamiento.

√ **Ahora puede entenderse que esta técnica se denomine Respiración Terapéutica Personalizada, ya que favorece la regulación de la actividad fisiológica y el manejo del estrés.**

Al final de este capítulo encontrarás los recursos que necesitas para practicar correctamente la Respiración Terapéutica Personalizada. Estoy seguro de que te resultará fácil personalizar tu entrenamiento. No vas a necesitar mucho tiempo de práctica para percibir sus efectos.

Una vez hayas aprendido esta técnica, dispondrás de una habilidad para manejar el nivel de estrés en diversas situaciones. Por ejemplo, cuando percibas que tu nivel de activación fisiológica y cognitiva es innecesariamente elevado, o cuando tengas dificultad para relajarte en situaciones en que lo necesitas, como antes de enfrentarte a una situación estresante o realizar una actividad que te exija un alto desempeño, y asimismo, cuando necesites desconectar o descansar para recuperar la energía gastada.

La Respiración Terapéutica Personalizada es sumamente útil y tiene diversas aplicaciones en el ámbito terapéutico. Su uso clínico en el tratamiento de trastornos psicológicos ha de realizarse por psicólogos,para facilitar su utilidad.

Uno de los procesos técnicos clave es identificar de forma precisa y para cada paciente la frecuencia respiratoria que hace que aumente la variabilidad de su frecuencia cardíaca; el uso de esta frecuencia respiratoria concreta, llamada frecuencia respiratoria de resonancia, hará que la práctica de este procedimiento terapéutico tenga el mayor efecto regulador de la activación fisiológica y cognitiva, lo cual constituye un requisito esencial para la recuperación del paciente. Esta intervención es posible hoy en día gracias a los avances de la biotecnología, que está aportando a los psicólogos instrumentos que les permiten medir e intervenir en la actividad de las funciones fisiológicas relacionadas con el estado psicológico de las personas, gracias al gran esfuerzo investigador de la Psicofisiología Aplicada.

La otra técnica que puede ser utilizada como herramienta de autoayuda para el manejo del estrés es la Relajación Muscular Progresiva. El psiquiatra estadounidense Edmund Jacobson la aplica en el manejo de la excesiva tensión muscular, que para el doctor Jacobson es un indicador fisiológico de estrés, y por tanto su reducción ayuda a controlarlo.

A modo de anécdota, Edmund Jacobson, con dilatada experiencia y práctica profesional, impartía formación a un joven psicólogo llamado Paul Lehrer, quien siempre reconoció lo mucho que aprendió del doctor Jacobson; con el paso de los años el doctor Lehrer se convirtió en un referente mundial de la Psicofisiología Aplicada, que como se ha detallado en párrafos anteriores ha establecido los fundamentos de la Respiración Terapéutica Personalizada. Coincidiremos que con profesores así se llega muy lejos.

Hay una cuestión que es importante conocer: el estrés agudo y crónico genera un amplio abanico de molestias, como dificultad para respirar, alteraciones del sueño, dolor de estómago, desarreglos intestinales, problemas dermatológicos, alteraciones cardiovasculares y dolores musculares, entre otros. Una persona experimentará una o varias de dichas molestias, mientras que en otra persona serán distintas. Esta especificidad de las alteraciones que cada persona tiene a consecuencia del estrés llevó a los expertos a desarrollar procedimientos para afrontar una u otra alteración concreta.

Una tensión muscular adecuada para una actividad facilita su realización; el exceso de tensión la dificulta y además puede llegar a producir dolor y malestar. Es bien conocido el hecho de que las molestias musculares fruto del estrés se focalizan en diferentes partes del cuerpo, siendo las más comunes la mandíbula, el entrecejo, el cuello, los hombros y la espalda. El que la tensión muscular generada fruto del estrés no se acumule en la misma zona del cuerpo en todas las personas ha de tomarse muy en cuenta para acertar en el uso de la Relajación Muscular Progresiva.

Esta técnica ayuda a percibir el exceso de tensión muscular y a reducirla; su práctica conlleva tensionar grupos musculares y dejar que se distensionen, al tiempo que la atención se centra en las sensaciones corporales que producen ambos procesos de tensión y distensión.

La Relajación Muscular Progresiva desencadena gran variedad de cambios fisiológicos favorecedores del estado de bienestar. Los cambios más significativos son el descenso de la tensión muscular, el ritmo cardíaco, la presión arterial, la frecuencia respiratoria, y en general de la actividad del sistema nervioso autónomo simpático; asimismo facilita el sueño, aumenta el riego sanguíneo en el córtex frontal y occipital del cerebro, y causa un aumento de vasodilatación arterial, de la vigilancia del sistema inmunológico, del riego periférico y de la oxigenación celular.

Esta técnica potencia el desarrollo de habilidades esenciales para favorecer estados de relajación:

1. Identificar los músculos que tienen un nivel innecesario de tensión.

2. Aplicar el procedimiento específico que hace posible la distensión de esos músculos.

3. Lograr dicha distensión sin alterar el nivel de tensión del resto de músculos ni condicionar las actividades que se estén realizando.

Las sesiones de entrenamiento de la Relajación Muscular Progresiva tienen una duración de entre 20 a 40 minutos en función del conjunto de grupos musculares involucrados; se suelen precisar de 6 a 10 sesiones para aprender correctamente esta técnica, de tal forma que posteriormente, y cuando se necesite, son suficientes entre 2 a 5 minutos de práctica para relajar los músculos que se precise.

√ **El objetivo del entrenamiento en la Relajación Muscular Progresiva es dotar a la persona de la capacidad de reducir la excesiva e innecesaria tensión muscular que se le genera en las situaciones estresantes que vive.**

Una vez aprendida esta técnica, se ha de utilizar en la vida cotidiana, y para ello lo primero es identificar dónde se ha acumulado la tensión muscular para, a continuación, practicar la relajación de forma específica en la zona muscular afectada a fin de reducir la tensión ahí acumulada.

Para aprender a realizar correctamente la Relajación Muscular Progresiva, al final del capítulo tienes un acceso a contenidos audiovisuales que te guiarán para que ejercites y aprendas este útil método de relajación cómodamente.

Siendo la Relajación Muscular Progresiva una práctica que en general toda persona puede llevar a cabo, a partir de este método se han desarrollado otros dos procedimientos para que puedan ser aplicados a personas en situaciones especiales de salud. Para que sean efectivos requieren de la intervención de un psicólogo que dirija las sesiones de relajación y adapte el procedimiento en función de los problemas de salud que afecten al paciente.

El primero de ellos es la Relajación Pasiva, que se centra en destensar los grupos musculares; por tanto, el proceso no es tensar un grupo muscular y dejar que se destense como en la Relajación Muscular Progresiva. El psicólogo le habla al paciente, dirigiendo su atención hacia los grupos musculares que interesa que se relajen y le da instrucciones al respecto. Es de utilidad en personas de edad avanzada o con problemas físicos para los cuales estaría desaconsejado generar tensión en los grupos musculares.

El segundo método es la Relajación Autógena, con el cual se inducen estados de relajación muscular mediante palabras e imágenes mentales favorecedoras de dicho estado. De igual manera que cuando imaginamos a una persona mordiendo un limón sentimos un incremento inmediato de la salivación, las palabras y las imágenes mentales de calor o pesadez muscular tienen un efecto de distensión muscular.

En este caso el psicólogo adapta el procedimiento en función del grado de motivación del paciente, su capacidad de auto-sugestión, sus niveles de activación fisiológica en estado de reposo y su estilo personal o personalidad.

Igual que no lleva mucho tiempo aprender a andar en bicicleta, y que con la práctica cada vez dominas más la técnica, pudiendo disfrutar yendo allí donde quieras y tu forma física te permita, a partir de que domines la Relajación Muscular Progresiva solo necesitarás hacer uso de ella durante unos minutos para reducir la excesiva e innecesaria tensión muscular que puedan generarte las situaciones o actividades estresantes que vivas.

Accede a la Guía Práctica de Respiración Terapéutica Personalizada con ayuda del siguiente código QR:

Accede a la Guía Práctica de Relajación Muscular Progresiva con ayuda del siguiente código QR:

ACIERTA EN TUS INICIATIVAS

«La fortuna favorece a los audaces».

Proverbio Latino

«Mira que hago todo aquello que el sentido común y el consejo de quien se dice experto y de quien se reconoce profano me dan para salir de la situación en la que estoy. Como resultado de cada cosa que intento me hundo más, como si estuviera en un pozo de arenas movedizas. Qué complicada es la mente humana, porque si lo lógico no funciona, ¿qué funciona?».

Afortunadamente las situaciones traumáticas que vive una persona suelen ser poco frecuentes, aunque también es cierto que cada una de ellas suele producir un gran impacto; una agresión, la pérdida inesperada de alguien cercano o un cambio brusco y negativo en las condiciones de vida son ejemplos de eventos vitales que golpean, generando un enorme malestar, y que conllevan la toma de decisiones cruciales.

Es frecuente experimentar situaciones causantes de malestar, desconcierto o incertidumbre, a pesar de que en muchos casos son buscadas. Ejemplo de ello es tener una entrevista de selección o impartir una conferencia o una cita. De igual manera que los eventos traumáticos nos caen encima generalmente sin avisar, estas otras situaciones estresantes suelen formar parte de lo previsto o esperado del día a día y por ello pueden ser aceptadas o evitadas. Si se aceptan, hay que prepararse para afrontarlas de forma exitosa, sobre todo cuando se da importancia al resultado a obtener; si se evitan, motivado por ejemplo por el hecho de que producen malestar o desagrado, se ha de tener en cuenta los efectos negativos que dicha decisión tiene en el presente y su posible impacto en el futuro, pues todo aquello que nos resulta molesto y restringimos en nuestra vida nos hace perder experiencias que pueden ser muy valiosas.

Además de esta pérdida de oportunidades, la necesaria tolerancia al malestar va progresivamente disminuyendo, de tal forma que se va renunciando a actividades o experimentar situaciones por el hecho de que producen un cierto nivel de malestar. Esta dinámica conlleva que sean automáticamente descartadas situaciones que por su carácter novedoso causan incertidumbre.

«Yo no he venido a este mundo a sufrir». «Si resulta molesto es negativo». «Cuando esté preparado para ello, lo haré».

√ **Aunque parezca sensato tener como norma el evitar situaciones estresantes, esto tiene consecuencias negativas en el rendimiento personal, la calidad de vida y el bienestar.**

Cada vez que te niegas a participar en una actividad que es útil o valiosa para ti, te pierdes esa experiencia, lo cual no es, ni de lejos, lo más perjudicial; lo más lesivo es que cuando de nuevo se repita esa actividad, o cuando sepas que se acerca la fecha de participar en ella, tu nivel de malestar será mayor que en la ocasión anterior. Este proceso de sensibilización es desafortunadamente cotidiano para muchas personas. Un ejemplo es la siguiente experiencia de Ana:

«No me resulta fácil explicar qué ha podido suceder para que, habiendo tenido siempre una vida normal, desde hace unas semanas sufra este calvario. Estaba atravesando un período en que varias preocupaciones se me acumulaban. La conducta de mi hijo y una gran sobrecarga de trabajo me hacían estar nerviosa todo el día, comer mal, dormir poco y levantarme cansada. Un día, estando de pie en el autobús de camino al trabajo, sentí un fuerte mareo y me asusté; tuve la sensación de que estaba a punto de desplomarme al suelo. Se lo conté a mi marido y por la tarde me fue a recoger al trabajo. Al día siguiente por la mañana al tomar el autobús intenté no pensar en lo que me sucedió el día anterior, pero notaba que todo me molestaba: los baches del trayecto, los empujones de otros pasajeros, la falta de aire cuando el vehículo estaba lleno de pasajeros. Se repitió el mareo y un muchacho, que me debió ver muy mal, me cedió el asiento. Desde entonces no he vuelto a tomar el autobús. Si solo fuera en el autobús, no estaría tan mal. El problema es que esa sensación de falta de aire, de dificultad para respirar, el vahído, la he empezado a tener en otros lugares, a los que, lógicamente, no acudo, y si lo hago permanezco en ellos el menor tiempo posible. Con todo esto llevo una semana de baja en el trabajo».

También es un comportamiento ineficaz el que a continuación nos indica Pedro, ya que, con el objetivo de evitar experimentar un cierto nivel de estrés, realiza conductas que considera de todo punto lesivas para él:

«He empezado a trabajar en una empresa que se caracteriza por la colaboración entre los empleados, el trabajo en equipo y el reconocimiento de quienes hacen propuestas de mejora. Para mí este estilo empresarial es sumamente novedoso, pues nunca en mis anteriores puestos de trabajo se favorecía esta dinámica. Se me encargaban las tareas que tenía que hacer cada día, o en un período predeterminado, para lo cual recibía órdenes de trabajo detalladas. Si hacía lo que tenía que hacer nadie me decía nada; incluso a veces, cuando las cosas no me salían del todo bien, tampoco recibía comunicación alguna por parte de mi supervisor. Actualmente todo es diferente y, aunque la relación con el resto de trabajadores es buena, hay un buen ambiente de compañerismo y cada poco tenemos reuniones para coordinar la planificación del trabajo y en las que todos intervienen, yo lo hago escasamente, pues me pongo muy nervioso al hablar en público; me considero una persona muy trabajadora pero el don de la palabra no lo tengo. Si puedo intento quitarme de asistir a cuantas reuniones me coincidan con otras tareas, pero tengo la sensación de que esto puede acabar perjudicándome en la empresa; de hecho ya que me han llamado la atención en un par de ocasiones por faltar a las reuniones programadas».

Se vienen estudiando métodos eficaces para el adecuado manejo de las situaciones que disparan conductas de evitación como las que se pueden observar en Ana y Pedro. Entre las más exitosas sobresale la Desensibilización Sistemática. Se ha de tener asimismo en cuenta que los motivos que llevan a una persona a este tipo de conductas pueden no solo estar causados por la búsqueda a cualquier precio de evitarse experiencias que le resultan molestas; sino que en muchos casos se llega como consecuencia de ser consciente de que no se dispone de las habilidades que facilitan un mejor rendimiento, como es el caso de Pedro. Entre los programas de entrenamiento de habilidades que han venido desarrollándose es de reseñar el de Entrenamiento de las Habilidades Sociales, que se detalla más adelante.

La Desensibilización Sistemática es una de las técnicas de exposición que los psicólogos utilizan para abordar terapéuticamente conductas de evitación que han llegado a generar en sus pacientes alteraciones severas como las fobias, entre otras patologías. Estos profesionales conocen a fondo cada una de las técnicas de exposición, entre las que se encuentran la exposición en vivo, en imaginación, exposición mediante el uso de realidad virtual, exposición simulada, exposición con prevención de respuesta, exposición interoceptiva e inundación. La elección profesional de la técnica más adecuada para cada paciente está basada en la evidencia científica, además de tomar en cuenta la disposición que este manifieste.

Joseph Wolpe, psiquiatra sudafricano consciente de que son muchas las personas que tienen conductas evitativas inadecuadas que les causan un intenso malestar psicológico y un empobrecimiento de su calidad de vida, desarrolló la Desensibilización Sistemática. Este procedimiento se basa en criterios científicos, como los ya indicados del fisiólogo Hans Selye, además de las aportaciones del Condicionamiento Clásico, fruto de las investigadores del fisiólogo ruso Ivan Pavlov y del psicólogo norteamericano John Broadus Watson.

√ **Como señala el Dr. Wolpe, la Desensibilización Sistemática es útil para afrontar conductas de evitación irracionales, y no para aquellas que son racionales y por tanto lógicas ante ciertas situaciones.**

Como norma general los eventos violentos se han de evitar para impedir verse en peligro y salvaguardar la propia integridad. Racional también es obviar situaciones para las que no se tienen las capacidades para afrontarlas con éxito, como impartir una conferencia sin tener las habilidades sociales y comunicacionales adecuadas.

Ante una situación estresante, la persona experimenta una reacción de aumento del nivel de activación fisiológica y cognitiva, que durante un tiempo se mantiene alto (periodo de meseta). Pasado un cierto tiempo, que en situación normal no supera los 20 o 30 minutos, de forma natural se va reduciendo, y por tanto también lo hace el estado de estrés. En el caso de Ana y Pedro, no dejan que el proceso se complete, ya que evitan tomar contacto con los eventos que les son estresantes.

Una persona en estado de estrés intenso y duradero con frecuencia tiene aumentos significativos del nivel de activación ante situaciones que antes le eran neutras; este proceso, llamado de sensibilización, le lleva a sentir estrés ante un número cada vez mayor de situaciones. Para contrarrestar este proceso, el Dr. Wolpe observa que se ha de favorecer el que la persona tenga un estado de bajo nivel de activación, a fin de contrarrestar la tendencia a la sensibilización y con ello lograr que se reaccione cada vez con menos nivel de estrés y se reduzca la tendencia a evitar esas situaciones .

Los psicólogos, cuando hacen un uso terapéutico de la Desensibilización Sistemática, habitualmente requieren a sus pacientes que también la practiquen entre sesiones en la consulta en sus entornos cotidianos y que sea de forma programada y estructurada para favorecer la eficacia de la intervención. Esta práctica concreta es la que a continuación se detalla, pues correctamente utilizada sirve para que una persona la use en su propio beneficio y con ello frene el aumento de conductas de evitación de situaciones o actividades que le resultan incómodas o molestas, generando daño en su calidad de vida.

El objetivo de este procedimiento no es insensibilizar. Es decir, no busca que los eventos estresantes tengan nulo efecto sobre la persona, de forma que los viva como si fueran de carácter neutro. Lo que busca es desensibilizar, es decir, lograr que los eventos estresores no la desestabilicen. Así, cuando se presenten, el nivel de activación aumentará, pero no más que de forma moderada, pudiendo ser reducido en un corto período de tiempo y no dando lugar a conductas de evitación.

Para utilizar con éxito la Desensibilización Sistemática han de tenerse en cuenta los siguientes criterios:

- Lo primero es que se ha de haber entrenado la habilidad de manejo del nivel de activación mediante el uso de la técnica de Respiración Personalizada o la Relajación Muscular Sistemática. Recuerda que el Dr. Wolpe señala que para lograr la desensibilización a las situaciones o actividades estresantes se ha de mantener un bajo nivel de estrés (es decir, de activación fisiológica y cognitiva) mientras uno se expone a dichos eventos.

- En segundo lugar, han de estar bien identificadas las situaciones o actividades que producen estrés y que se evitan. Bien identificadas significa que todas ellas estén descritas con detalle y ordenadas en una lista en base al nivel de estrés que producen.

Poco claras	Descritas con detalle y ordenadas
«Lugares donde hay mucha gente»	«Pasear por la plaza» «Entrar en una tienda de ropa» «Entrar en un cafetería y tomar un refresco» «Ir al cine o al teatro»
«Montar en coche»	«Montar en un autobús» «Montar en un taxi» «Ir en coche conduciendo mi marido» «Ir acompañada en mi coche, conduciendo yo» «Conducir mi coche, acompañada por mi marido» «Conducir mi coche, estando yo sola»
«Reuniones sociales»	«Llevar al parque a mi hijo y hablar con otros padres» «Asistir a una fiesta con amigos» «Participar en una reunión familiar en mi casa» «Asistir a una reunión familiar en casa de mis padres»

- El tercer y último criterio de la aplicación de este procedimiento es la forma en que ha de realizarse cada sesión de exposición a los eventos estresantes:

- Cada sesión suele durar entre 45 minutos y una hora, pudiéndose manejar esta cuestión con flexibilidad, para evitar el cansancio y la saturación.
- La primera sesión de exposición se realiza con el evento de la lista que menos estrés produce.
- Durante a exposición se irá autoevaluando el nivel de estrés que se tiene en base a una escala de 0 a 10 (nada de estrés a máximo estrés).
- La exposición durará el tiempo que sea necesario hasta que se tenga un nivel de estrés, durante al menos 2 a 3 minutos, que sea al menos la mitad del valor más alto alcanzado.
- Cuando el tiempo de una exposición se prolonga en exceso en una sesión, porque el nivel de estrés no se reduzca suficientemente, se suspenderá dicha exposición durante unos minutos (entre 5 y 15 minutos) y se reiniciará de nuevo.
- Hay que ayudarse con el uso de técnicas de respiración o relajación para el manejo del nivel de activación, a fin de favorecer el descenso del estrés durante la exposición al evento estresante.
- Realizar la exposición acompañado de una persona de confianza puede ser de gran ayuda.
- Para considerar que se ha logrado desensibilizar un evento estresante se ha de lograr estar expuesto al evento y concentrado en él, con un nivel de estrés de entre 0 y 2 durante al menos 2 o 3 minutos a lo largo de 3 exposiciones consecutivas.
- Cuando se termine una sesión sin lograr desensibilizar el evento estresante, la siguiente sesión se iniciará con la exposición a dicho evento.
- Cuando se considere que está siendo excesivamente difícil desensibilizar un evento, hay que revisar

si su posición en la lista de eventos estresantes es la correcta, o descomponer dicho evento en varios (el evento «hablar con mi supervisor» podría descomponerse por ejemplo en «saludar al supervisor», «intervenir en una conversación informal en la que está participando el supervisor», «tratar con mi supervisor las órdenes de trabajo que de él recibo»). Si se descompone el evento en varios hay que ordenarlos en base al nivel de estrés que genere cada uno, y la exposición ha de reiniciarse con el que menos estrés produzca.

- Tras lograr desensibilizar un evento estresante de la lista se podrá iniciar la exposición al siguiente.
- Con frecuencia sería de gran utilidad iniciar la exposición a un evento de la lista visualizándolo; una vez se logre desensibilizarlo en la imaginación se pasará a la exposición al mismo en vivo, hasta lograr desensibilizarse. La exposición a un evento estresante en la imaginación se realiza visualizándolo, o con ayuda de fotos, audios o vídeos.

La dedicación que se precisa para desensibilizar cada evento de la lista suele ir disminuyendo a medida que se avanza, de tal forma que a pesar de que un evento sea más estresante que el anterior de la lista habitualmente resultará menos laborioso y más rápido de desensibilizar que el que le precede. Cuando una persona desensibiliza un evento que le resultaba estresante genera un efecto añadido de reducción del potencial efecto estresante de otros similares.

Cuando ayudamos al hipocampo y a la amígdala a recalcular la identificación de un evento mediante el uso de la Desensibilización Sistemática, facilitando con ello que sea asociado a un nivel bajo de estrés, se observan dos efectos:

- Eventos similares al que se desensibiliza son vividos con un menor nivel de estrés.
- Desensibilizar esos eventos requiere menos dedicación.

Estos efectos positivos no han de llevar a tomar una mala decisión, puesto que al igual que un antibiótico ha de tomarse el tiempo pautado para evitar un rebrote de la infección, la desensibilización de todo evento estresante ha de hacerse de forma rigurosa como se ha indicado, a fin de evitar retrocesos en el proceso de mejora.

A modo de síntesis, has de tener en cuenta el siguiente orden de pasos de la Desensibilización Sistemática:

- Entrenar la habilidad de manejo del nivel de activación (estrés) mediante el uso de la técnica (Respiración Terapéutica Personalizada, Relajación Muscular Progresiva) que más se adecúe a las alteraciones de la persona que sufre, hasta que esta sea capaz de reducir su nivel de activación a valores bajos, y que este se mantenga estable durante períodos superiores a 15 minutos.

- Elaborar una lista de eventos estresantes, que han de estar bien descritos y ordenados en base al menor a mayor estrés que producen.

- Empezar a desensibilizar el primer evento de la lista, siguiendo de forma rigurosa el procedimiento descrito; tras desensibilizar el primero pasar al segundo, y así sucesivamente hasta llegar al último.

Te será de ayuda ir tomando nota de cómo discurren las sesiones de entrenamiento, tanto para que observes de forma objetiva cómo evoluciona el proceso, como para que te motives. A continuación tienes un ejemplo de registro de sesiones de Desensibilización Sistemática:

| Evento al que se realiza la exposición .... |
| NSE atribuido previamente .... |

Sesión no.	1	2	3	4	5
NSE inicial					
NSE máxima					
NSE final					
Sesión: duración (min.)					

| NSE: nivel subjetivo de estrés (0 a 10) |

Pasemos a Pedro, cuyo principal problema es que evita situaciones sociales, lo cual pudiera considerarse una decisión racional en tanto que considera que carece de las habilidades sociales necesarias para facilitar un buen desempeño social.

Las interacciones sociales son situaciones que con frecuencia causan estrés. El psicólogo español Vicente Caballo, científico y divulgador de la utilidad del Entrenamiento de las Habilidades Sociales, señala esta realidad. La misma interacción social puede ser agradable para una persona y molesta para otra; incluso la misma interacción para una persona será agradable o molesta dependiendo de quién sea la persona con la que se interactúa.

√ **Un uso adecuado de las habilidades sociales facilita un desempeño social más exitoso y agradable, o dicho esto en palabras de Pedro: «Mejorar las habilidades sociales te abre a un mundo de posibilidades y oportunidades».**

Hay cuestiones previas que han de tenerse muy en cuenta:

- Una persona no es introvertida o extrovertida, ya que esta no es una condición innata e inamovible.
- Una persona se comporta de forma introvertida o extrovertida, y se puede cambiar el estilo de la comunicación social mediante la ejercitación de conductas socialmente exitosas.

Todos los expertos en habilidades sociales señalan que el comportamiento social de cada persona está determinado por dos factores:

- El manejo que tiene de las distintas habilidades sociales.
- La actitud hacia su desempeño social.

El doctor Arnold Goldstein, profesor de Psicología y experto internacionalmente reconocido en el Entrenamiento de las Habilidades Sociales, ha hecho numerosas aportaciones en este campo. Considera que estas generan conductas eficaces para las interacciones sociales, y por ello facilitan la comunicación, el respeto a los derechos propios a la vez que se respetan los de los demás, el adecuado manejo del estrés en eventos sociales dificultosos o novedosos y la resolución de problemas.

El doctor Goldstein estableció la lista recogida en el cuadro siguiente, en el que se detallan los diferentes tipos de habilidades sociales y los componentes de cada una de ellas. En base a este esquema, elaboró la Escala de Evaluación de las Habilidades Sociales, que evalúa cada uno de esos elementos (tienes disponible esta escala al final del capítulo). Conocer cuáles son las habilidades sociales en las que se tiene buen desempeño y las que se manejan de forma deficitaria es un paso previo e imprescindible para abordar el entrenamiento con éxito.

1. Habilidades sociales básicas	• Escuchar. Iniciar una conversación. • Mantener una conversación. • Formular una pregunta. • Dar las gracias. • Presentarse. • Presentarse a otras personas. • Hacer un elogio.
2. Habilidades sociales avanzadas	• Pedir ayuda. • Participar. Dar instrucciones. • Seguir instrucciones. • Disculparse. • Convencer a los demás.
3. Habilidades relacionadas con los sentimientos	• Conocer los propios sentimientos. • Expresar los sentimientos. • Comprender los sentimientos de los demás. • Enfrentarse con el enfado de otro. • Expresar afecto. • Resolver el miedo. • Auto-recompensarse.
4. Habilidades alternativas a la agresión	• Pedir permiso. • Compartir algo. • Ayudar a los demás. • Negociar. • Empezar el auto-control. • Defender los propios derechos. • Responder a las bromas. • Evitar los problemas con los demás. • No entrar en peleas.
5. Habilidades para hacer frente al estrés	• Formular una queja. • Responder a una queja. • Demostrar deportividad después de un juego. • Resolver la vergüenza. • Arreglárselas cuando le dejan de lado. • Defender a un amigo. • Responder a la persuasión. • Responder al fracaso. • Enfrentarse a los mensajes contradictorios. • Responder a una acusación. • Prepararse para una conversación difícil. • Hacer frente a las presiones del grupo.

6. Habilidades de planificación	<ul><li>Tomar decisiones realistas.</li><li>Discernir la causa de un problema.</li><li>Establecer un objetivo.</li><li>Determinar las propias habilidades.</li><li>Recoger información.</li><li>Resolver los problemas según su importancia.</li><li>Tomar una decisión eficaz.</li><li>Concentrarse en una tarea.</li></ul>

El segundo factor que influye en el comportamiento social son las actitudes que se tienen hacia el desempeño social; este factor, aun siendo determinante, suele no ser suficientemente valorado por la persona con problemas en sus interacciones sociales.

Cuando un participante en una reunión social apenas abre la boca (¿quién le prohíbe que intervenga?), lo habitual es que la propia persona, a cada idea que se le pase por la cabeza con intención de expresarla, la retenga en su mente y la someta a una cascada de críticas del tipo: «Vaya tontería», «esto no viene a cuento», «qué poco original; pensarán que soy tonto». Como consecuencia de todo esto, no solo no participará en la reunión como quisiera, sino que también, y sobre todo, la experiencia le habrá resultado tan negativa que de inmediato se planteará si merece la pena asistir a esas actividades.

√ **Este diálogo interno cargado de actitudes críticas hacia uno mismo y hacia sus iniciativas de participación social va retrayendo a la persona de tal forma que no encuentra compensaciones al esfuerzo que le supone participar en actividades sociales. «Mejor estar solo que pasarlo mal rodeado de otras personas».**

En el caso de Pedro, sus dificultades sociales se centraban en el ámbito del trabajo, y la Escala de Evaluación de las Habilidades Sociales de Goldstein así lo ratificó; las «habilidades para hacer frente al estrés» y las «habilidades de planificación» fue donde se detectó un menor desempeño significativo y las que con decisión ejercitó, apoyándose en todas las otras habilidades sociales en las que su desempeño era adecuado e incluso óptimo. Esto a su vez pudo hacerlo una vez identificó y rebatió sus pensamientos irracionales. «Qué voy a aportar yo que acabo de incorporarme a este trabajo», «qué pensarán mis compañeros si hago una propuesta desacertada», que estaban poniendo freno a su desempeño social en el ámbito de su trabajo.

Pedro es un buen ejemplo de que tener problemas en el desempeño social no supone que se carezca de alguna habilidad social; por ello, lo primero es identificar cuáles funcionan bien y cuáles han de ser mejoradas, puesto que este proceso de mejora se realiza apoyándose en aquellas en las que se tiene un buen desempeño. Y todo esto sin descuidar las actitudes que se poseen cuando se participa en reuniones sociales, las cuales pueden ser de gran ayuda, o por el contrario una mordaza. Dado que lo que se piensa sobre uno mismo influye en lo que uno hace o deja de hacer, es importante detectar estos pensamientos, ver de qué manera facilitan o dificultan el logro de los objetivos personales y analizarlos con la lupa de la razón a fin de que, siendo sensatos, sean de ayuda.

El entrenamiento de las habilidades sociales ha de efectuarse de forma personalizada en función del desempeño que se tenga en cada una de ellas. Para que conozcas tu nivel de desempeño tienes a tu disposición la Escala de Evaluación de las Habilidades Sociales de Goldstein. Úsala, posiblemente te sorprendan sus resultados y con certeza te serán de gran ayuda.

Accede a la Guía Práctica de Desensibilización Sistemática con la ayuda del siguiente código QR:

Para facilitarte la identificación de tu nivel de desempeño en las distintas habilidades sociales, puedes acceder a la Escala de Evaluación de las Habilidades Sociales con ayuda del siguiente código QR:

TEN PENSAMIENTOS SALUDABLES

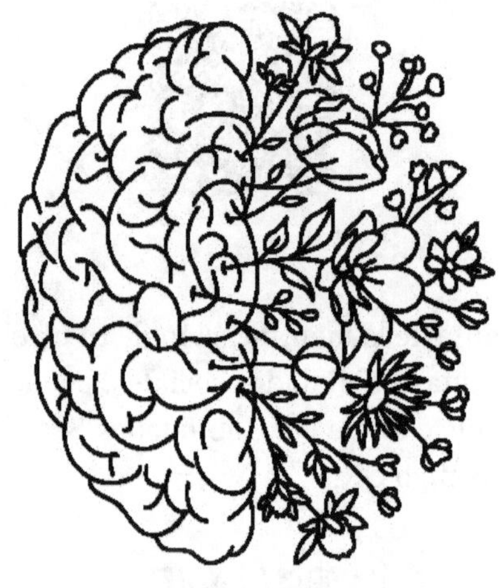

«El pensamiento es la única cosa del Universo cuya existencia no se puede negar; negar es pensar».

José Ortega y Gasset

Nuestros pensamientos acompañan cada una de las vivencias que tenemos y llegamos a convencernos de que lo que pensamos es fiel reflejo de lo que vivimos, de las cosas que nos pasan, lo cual con frecuencia no es así.

Naturalmente, las características de la situación que se está viviendo en cada momento influyen en lo que se piensa, pero también influye lo que se hace, el estado fisiológico, las emociones, además de las convicciones y creencias. Todos estos elementos del comportamiento humano interactúan entre sí, lo cual hace que sea sumamente importante que la influencia de cada uno de ellos sirva para ayudarnos a afrontar mejor las situaciones vitales y el logro de los objetivos personales.

Ya que los capítulos anteriores se han centrado en la conducta, el estado fisiológico y las emociones, así como en su influencia en los pensamientos, veamos ahora la influencia que en ellos tienen las creencias y actitudes, pues estas conforman la visión que cada persona tiene de sí misma.

Una persona con una visión razonable y coherente de sí misma será consciente de sus fortalezas y debilidades, de sus capacidades y sus necesidades de mejora; y, por el contrario, una persona con una visión negativa de sí misma tenderá a tener pensamientos automáticos e irracionales coherentes con esa visión negativa, que se verá reforzada. Seguro que en más de una ocasión has pensado decir o le has dicho a otra persona que no entiendes por qué tiene una opinión tan desfavorable de sí misma, en tanto que tú observas en ella muchas cualidades positivas. Pues bien, este es el proceso que lleva a una persona a verse como nadie la ve.

Lo que pensamos no solo es muy importante, sino que es determinante respecto de las emociones que sentimos y el uso que hacemos de nuestras habilidades personales. Dado que sentimos lo que sentimos por los pensamientos que tenemos, el reconocido experto mundial en intervención cognitiva, el doctor David Burns, señala que el esfuerzo ha de dirigirse a propiciar que los pensamientos sean saludables, ya que esto traerá como consecuencia que las emociones mejoren, así como lo harán las actitudes y creencias personales.

Pensamientos saludables son aquellos que son coherentes con las situaciones que se viven, que ayudan a tener una idea clara de lo que se vive, que clarifican lo que se ha hecho bien y aquello que ha de mejorarse, que orientan sobre cómo comportarse en la siguiente ocasión en que se vivan esta u otra situación similar, a fin de tener el desempeño deseado, haciendo uso de las habilidades de que se dispone.

Elegir pensamientos que nos ayuden es elegir bien, alisar el camino y acercar las metas. Para ello es conveniente expresar deseos, no exigencias («quiero superar...», «me gustaría...», «voy a intentar esforzarme...»), que los pensamientos sean facilitadores y un reflejo de la realidad y no el eco del estado emocional en que se está («Estoy triste por haber suspendido 2 de las 5 pruebas realizadas»).

√ **Pensamientos no saludables, es decir, automáticos e irracionales, son aquellos que no se corresponden con las situaciones que se viven pues no son un reflejo de lo que se vive.**

Se caracterizan por criticar el comportamiento propio o ajeno, por descalificarse a uno mismo o a otros. No analizan lo sucedido pues simplemente lo etiquetan y en nada sirven para dar pistas de cómo comportarse en la siguiente ocasión que se viva, igual o similar, lo cual hace que al no haberse mejorado nada volverá a repetirse lo ya sucedido.

Este tipo de pensamientos, por más que son frecuentes, lo que hacen es dificultar la realización de las actividades que facilitan la búsqueda de soluciones y el logro de nuestros objetivos. Son pensamientos cargados de términos absolutos: «nunca», «siempre», «todo es», «nada es»; de autoexigencias extremas: «debo conseguir», «necesito»; de imposiciones dogmáticas: «no hay derecho a…»; de exageraciones sobre las consecuencias de los acontecimientos: «es terrible que, no voy a soportar».

Veamos unos ejemplos que ilustran cómo, ante una misma situación, se pueden tener distintas formas de pensar.

Situación 1: discusión

Pensamiento saludable	Emoción	Pensamiento no saludable	Emoción
«He que intentar controlar mis palabras cuando siento que aumenta mi nerviosismo»	Enfado	«Qué torpe soy; siempre meto la pata cuando me dominan los nervios»	Rabia Indefensión
«Esto no nos ayuda a solucionar nuestros problemas; es mejor intentar llegar a acuerdos»	Tristeza	«Me va a acabar abandonando; vivir conmigo no merece la pena»	Miedo

Situación 2: haber recibido un suspenso a pesar de haber estudiado

Pensamiento saludable	Emoción	Pensamiento no saludable	Emoción
«Los nervios me han jugado una mala pasada; voy a trabajar más mi autocontrol para tener la mayor concentración posible durante los exámenes»	Responsabilidad	«Así nunca acabaré la carrera; estudio a tope y en el examen me dejo llevar por los nervios»	Culpa
«Voy a confirmar que tengo claros y que comprendo todos los contenidos de la materia de la que me he examinado»	Tristeza	«Esta materia, es muy difícil para mi y, si no la apruebo, no acabo la carrera; qué vergüenza»	Miedo

Situación 3: pérdida de un familiar cercano

Pensamiento saludable	Emoción	Pensamiento no saludable	Emoción
«La vida tiene momentos muy difíciles; algunos son desgarradores»	Tristeza	«Sin más, la vida te golpea y te deja en cualquier momento sin lo que más necesitas»	Indefensión
«Teníamos muchas cosas en común; compartíamos aficiones, nos apoyábamos»	Pena	«Nunca saldré adelante sin su ayuda y apoyo»	Desesperanza

Situación 4: accidente de coche

Pensamiento saludable	Emoción	Pensamiento no saludable	Emoción
«Al volver a casa por la noche he de extremar la precaución, pues estoy muy cansado de la jornada de trabajo»	Responsabilidad	«Otro incidente con el coche; a la siguiente me mato o mato a alguien, que es peor»	Miedo
«Voy a empezar a usar el trasporte público, al menos en invierno»	Responsabilidad	«No puedo gestionar esos instantes en que el sueño me domina»	Desesperanza

Cuando una persona se sienta mal no será extraño el que ante eventos adversos se le disparen pensamientos, por ejemplo, sumamente catastrofistas, al tiempo que considera como poco creíbles pensamientos más ajustados a la realidad de los hechos que vive. Ante esto un criterio a tener muy en cuenta es que, dado que no es frecuente el que una persona cuando se siente mal tome la iniciativa de reflexionar y poner en cuestión los pensamientos que tiene a pesar de que estos en nada la ayuden, no es sensato tomar decisiones sobre temas importantes, y mucho menos sobre asuntos trascendentes, cuando se está en un estado emocional negativo o inestable.

Pero, ¿por qué un estado emocional negativo condiciona de forma automática los pensamientos que se tienen? Para propiciar la coherencia entre ambos. Si estoy emocionalmente mal, mis pensamientos aventuran desgracias o señalan culpables, lo cual mantiene o incluso empeora el estado emocional que dispara pensamientos catastrofistas que dañan aún más el estado emocional. Este proceso de círculo vicioso con el que se quiere sofocar un incendio regando con gasolina puede reconducirse interviniendo sobre los pensamientos automáticos. Pero no solo se puede tener un tipo de pensamiento ante un mismo evento, como puede verse en los siguientes ejemplos, en los que además se detallan las emociones que se propician en cada caso.

Situación 5: pérdida del puesto de trabajo

Pensamientos (Juan)	Emociones
«Todo se hunde en mi vida, siempre me pasa a mí; ¿qué puedo hacer». «Todo el mundo va a pensar que soy un inútil, que no valgo para nada». «Con la situación social en la que estamos, nadie me va a dar un empleo»	Indefensión, desesperanza, miedo

Pensamientos (Isabel)	Emociones
«En este momento toca ser más austera». «Voy a hablar con conocidos, para que me informen de ofertas de empleo que me puedan interesar» «A mi edad me da un poco de vergüenza pedirle trabajo, pero voy a llamarle, pues me dijo varias veces que yo encajaba en su empresa»	Responsabilidad, alivio, preocupación

Estos dos casos no se deben analizar desde la perspectiva de quién está más acertado o tiene más razón; si de algo te puede servir el observar cómo reaccionaron Isabel y Juan ante la misma situación es dándote cuenta de que no hay una única forma de ver e interpretar las experiencias personales, y que dependiendo de lo que te digas cuando te encuentres ante ellas tu estado emocional será uno u otro, además de ser más o menos exitoso tu afrontamiento de las mismas.

Para facilitarte el que identifiques tu estilo de pensamiento, y por tanto las actitudes que predominan en los pensamientos que tienes, al final del capítulo dispones de un acceso a la Escala de Actitudes Disfuncionales que crearon los prestigiosos psicólogos Arlene N. Weissman y Aaron T. Beck. En los 35 ítems que tiene este cuestionario encontrarás expresiones que compartes y otras que no, lo cual te ayudará a tomar conciencia de tu estilo de pensamiento y formas de pensar que no te ayudan.

Se ha de tomar la iniciativa ante la presencia de pensamientos inadecuados que solo nos ponen dificultades para afrontar las situaciones vitales, que por tanto no ayudan ni aportan motivación para avanzar, ni guían sobre la dirección. Y tan importante como tomar la iniciativa es dar pasos en la buena dirección, y a este respecto, el prestigioso psicólogo y experto en terapia cognitiva, el doctor Albert Ellis, señala el camino, que cuenta con sólido respaldo científico. La Terapia Racional-Emotiva que el doctor Ellis desarrolla es un procedimiento que propicia la presencia de pensamientos racionales y ajustados a la realidad, puesto que con ello toda persona puede cambiar su forma de sentir y actuar. El mismo doctor Ellis señala que no tiene una varita mágica que hace que las personas cambien a mejor, sino que son las propias personas las que pueden cambiarse a sí mismas tomando iniciativas acertadas y esforzándose en ello, siendo imprescindible el cuidar que los pensamientos sean adecuados, es decir, ajustados a la realidad y los objetivos personales. «Solo cuando he empezado a analizar los pensamientos que tengo, sobre todo cuando tengo días difíciles, me he dado cuenta de cómo yo mismo me estaba complicando la vida en todos los aspectos. Ahora me esfuerzo por tener pensamientos que me ayuden, y a pesar de que me ayudan he de trabajar para llevar a mi mente esos pensamientos y quitar otros que solo me hunden. Si no fuera porque me han dicho que esto es normal, pensaría que soy tonto».

√ **Todos los expertos en terapia cognitiva señalan que las acciones prácticas para cambiar el estilo de pensamiento han de realizarse por la persona interesada, al tiempo que es imprescindible que dichas acciones sean las adecuadas, es decir, que se adecúen al estilo de pensamiento y al estado emocional de la persona.**

A continuación encontrarás una guía del procedimiento que de forma estandarizada se ha de seguir, la cual puede ser utilizada por cualquier persona que quiera mejorar su funcionamiento personal.

A partir de las aportaciones de numerosos expertos se detallan a continuación los «pasos para la mejora del estilo de pensamiento y el estado emocional».

Paso 1. Toma nota de lo que ha sucedido

Este primer paso es muy importante porque sobre él articularás los siguientes. Lo primero es que tengas claro lo sucedido, puesto que solo se puede sacar provecho de aquello que se conoce a fondo. Para ello, refleja fielmente el evento vivido cumplimentando los apartados del registro con el mayor detalle que consideres, garantizándote que en cada uno has indicado toda la información que te pueda ser de utilidad.

Evento (día, hora, lugar, personas presentes, qué aconteció...)	Conducta (qué hiciste)	Pensamientos (qué pensaste es esos momentos)	Emociones (emociones que sentiste)
...	...	...	...

Observa el siguiente registro de una situación real:

Evento (día, hora, lugar, personas presentes, qué aconteció...)	Conducta (qué hiciste)	Pensamientos (qué pensaste es esos momentos)	Emociones (emociones que sentiste)
2/04/2019 - 11:30h «En la oficina solo estaba yo. Me llama el jefe del taller para recriminarme que no había recibido la revisión del cuadrante de realización de las órdenes de trabajo del mes pasado. Me quedé sin aliento. El jefe cerró la conversación con la frase 'lo quiero ya'»	Durante la llamada no articulé palabra, salvo 'vale, entendido'. No fui a casa a comer para avanzar en la revisión del cuadrante.	«Qué inútil soy». «Me esfuerzo mucho para cumplir con mi trabajo». «Debería haberle dicho que ayer me había encargado como tarea urgente la facturación trimestral». «Cada poco se repite esta situación; ¿nunca aprenderé?»	Culpa Desesperanza Rabia

Posiblemente hasta hoy nunca te habías parado a analizar de forma estructurada las situaciones que vives, quizás por considerar que de nada puede servir volver la vista atrás en tanto que lo sucedido no se puede cambiar. A este respecto tienes razón, aunque aquí no se busca cambiar hechos pasados; el objetivo es aprender de lo sucedido y mejorar el desempeño en ocasiones posteriores.

Paso 2. Toma la temperatura de tus emociones

Valora si las emociones que sentiste y su nivel de intensidad se corresponden con el evento. Esto nos lleva a tres escenarios:

- «Me siento mejor de lo que debiera» (+): consideras que el evento te ha causado un menor impacto emocional negativo que el que sería esperable.
- «Me siento como debiera» (=): consideras que el evento te ha causado el esperable impacto emocional negativo.
- «Me siento peor de lo que debiera» (-): consideras que el evento te ha causado un mayor impacto emocional negativo que el que sería esperable.

Me siento mejor de lo que debiera. Me siento como debiera. Me siento peor de lo que debiera
(+)...(=)...(-)

En cada emoción se indica su correspondencia con el evento:

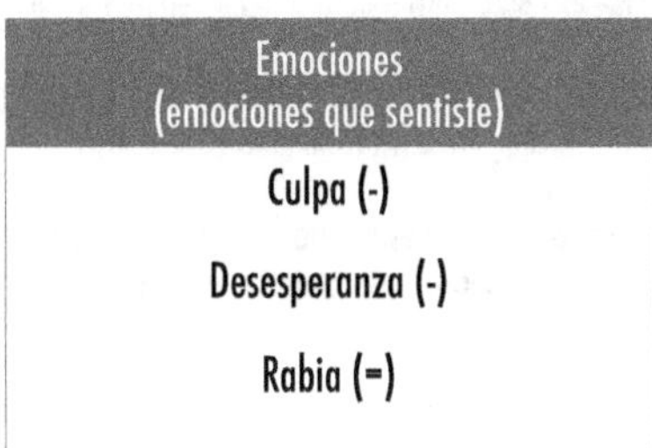

Por tanto, los sentimientos de culpa y desesperanza han sido peores de lo que deberían haber sido; mientras que la rabia ha sido de una intensidad acorde al evento.

En los pasos siguientes encontrarás explicaciones de por qué el evento te ha impactado emocionalmente o no como esperabas.

Paso 3. Cuestiona tus pensamientos

Analiza cada pensamiento para determinar si es racional y ajustado al evento vivido, o por el contrario, es automático e irracional al estar causado por una distorsión cognitiva. En el capítulo 6 tienes descritas las diferentes distorsiones cognitivas:

- Autoexigencia excesiva
- Baja tolerancia a la frustración
- Catastrofismo
- Desvalorización
- Expectativas negativas de futuro

Pensamientos (qué pensaste en esos momentos)
«Qué inútil soy» (Desvalorización)
«Me esfuerzo mucho para cumplir con mi trabajo»
«Debiera haberle dicho que ayer me había encargado como tarea urgente la facturación trimestral» (Autoexigencia excesiva)
«Cada poco se repite esta situación; ¿nunca aprenderé?» (Expectativas negativas de futuro)

Paso 4. Mejora tus pensamientos

Cada uno de los pensamientos automáticos e irracionales ha de ser rechazado o sustituido por otro racional y ajustado al evento vivido.

Pensamientos (qué pensaste es esos momentos)	Pensamientos (más idóneos)
«Qué inútil soy» (Desvalorización)	«Me quedé bloqueado»
«Me esfuerzo mucho para cumplir con mi trabajo»	«Me esfuerzo mucho para cumplir con mi trabajo»
«Debiera haberle dicho que ayer me había encargado como tarea urgente la facturación trimestral» (Autoexigencia excesiva)	«Quisiera haberle dicho que ayer me había encargado como tarea urgente la facturación trimestral y que me indique cual de las dos es la más urgente»
«Cada poco se repite esta situación; ¿nunca aprenderé?» (Expectativas negativas de futuro)	«Cada poco se repite esta situación; algo tengo que hacer»

Posiblemente te llamen la atención los cambios en el tercer pensamiento, y sobre todo el primero. Como puedes observar, se sustituyó un «debiera» por un «quisiera», lo cual pudiera verse como insustancial, pero no lo es; auto-decirse «debiera» supone auto-exigirse hacer una cosa sin tener en cuenta si se han dado las condiciones para poderla hacer y la auto-exigencia genera sentimientos de culpa.

Paso 5. Cómo te sientes ahora

Una vez has revisado el evento en todos sus aspectos, describe tu estado emocional presente. Valora si las emociones actuales son más ajustadas o no a las características del evento.

Emociones (emociones que sentiste)	Emociones (que siento ahora)
Culpa (-) Desesperanza (-) Rabia (=)	Culpa (=) Rabia (-) Tristeza (=)

Tras los pasos anteriores y haber establecido cuáles son los pensamientos más idóneos, la intensidad del sentimiento de culpa se habrá ajustado más a las características del evento, la desesperanza habrá desaparecido, la rabia se habrá intensificado y habrá aparecido el sentimiento de tristeza por la forma en que discurrió el evento.

Paso 6. Para afrontar mejor

Revisa detenidamente los resultados de los pasos anteriores y establece cómo te has de comportar y qué pensamientos has de tener en las siguientes ocasiones en que se presente de nuevo este evento u otro similar.

La persona que vivió este evento tuvo claro que en sucesivas ocasiones, iguales o similares, tenía que modificar su forma de afrontar la situación, y para ello llevó adelante una serie de iniciativas: hacer un cuadrante de tareas donde se indique quién le hacía el encargo, la fecha del mismo, el tipo de tarea a realizar y el tiempo acordado por el solicitante. El cuadrante lo tendría a la vista para su consulta cuando fuera preciso. Cada tarea realizada sería tachada.

- Coordinar con los responsables de la empresa el uso del cuadrante.
- Al recibir una llamada del jefe de taller o de otro responsable de la empresa para encargarle una tarea que no forma parte del plan de trabajo recogido

en el cuadrante de tareas a realizar se esforzará por escuchar y entender bien las características de la tarea, además de establecer la fecha de su realización; si esto último pone en peligro la posibilidad de completar otra tarea en la fecha acordada se lo comunicará a quien le hace el nuevo encargo y le solicitará que decida acerca de la prioridad de ambas tareas.

Al final del capítulo encontrarás un acceso a la guía práctica «Pasos para la mejora del estilo de pensamiento y el estado emocional». En ella hallarás propuestas de acciones de autoayuda que podrás llevar a la práctica para conocer tu estilo de pensamiento, así como sus repercusiones y la forma de mejorar para que favorezcan tus objetivos.

√ **La terapia cognitiva es una intervención sumamente útil, tanto cuando es usada por una persona para mejorar el logro de sus objetivos laborales, sociales o personales, como formando parte de la intervención a personas con trastornos psicológicos.**

Cuando se aplica la terapia cognitiva a personas con severas alteraciones emocionales se ha de tener muy en cuenta la situación específica; por este motivo el mismo doctor Ellis y otros expertos tienen numerosas publicaciones y han realizado investigaciones respecto al procedimiento a seguir para cada tipo de trastorno. Por tanto es necesario un psicólogo para que guíe la intervención con personas con trastornos psicológicos.

Quien aquí escribe es muy consciente, al igual que tú, de que una situación pasada ya no se puede cambiar, pero ha de tenerse en cuenta que puede seguir influyendo en la persona que la vivió por sus consecuencias sobre el estado de su regulación fisiológica, sus conductas, sus pensamientos y emociones. Por si esto no fuera ya poco, dicha situación pasada puede condicionar la forma de afrontar otra igual o similar en ocasiones posteriores. Seamos conscientes de que es clave mantener una actitud reflexiva sobre cómo se reacciona ante los eventos que se viven, y a este respecto me reconozco un ser humano más que puedo equivocarme o acertar en mis iniciativas, y por tanto en mis decisiones. Acertar requiere, en primer lugar, analizar las cosas que no van bien con intención de mejorarlas, para, a continuación, conociendo los pros y contras de cada iniciativa que puede plantearse, tomar aquellas decisiones que sirvan para mejorar el desempeño y el bienestar personal.

Para facilitarte autoanalizar la presencia de creencias personales disfuncionales, puedes acceder a la Escala de Actitudes Disfuncionales con ayuda del siguiente código QR:

Accede a la Guía Práctica de Mejora del Estilo de Pensamiento y del Estado Emocional con ayuda del siguiente código QR:

QUÉ NO FUNCIONA

«*Cometer un error y no corregirlo es otro error*».

Confucio

Cada caso que se presenta a continuación se inicia con información del estado psicológico de la persona para, a continuación, indicar lo que hizo por iniciativa propia y los resultados que obtuvo.

Cuando alguien lo está pasando mal intenta hacer aquello que considera más oportuno para dejar de sufrir. Para ello es frecuente qué tome decisiones basadas en el sentido común y la información de que dispone sobre su malestar y cómo solucionarlo; esta forma de proceder es de todo punto intachable. La cuestión es si se dispone de información de calidad, es decir, rigurosa y fiable a tal fin; si esto no es así, en el mejor de los casos las decisiones que se toman tendrán pocas posibilidades de ayudar, pues con frecuencia no mejoran y sí empeoran la situación.

Caso 1. Amelia

La familia de Amelia está pasando por un momento muy difícil pues su marido se ha quedado en paro y por su edad puede serle difícil encontrar trabajo; a pesar de todo, él es optimista y todos los días se mueve para buscar empleo. El matrimonio tiene dos hijas que llevan bien sus estudios de bachillerato y son muy sensatas en todos los ámbitos.

Amelia, a fin de compensar la pérdida de ingresos familiares, trabaja más horas de lo que era habitual desde hace ya varios meses («El esfuerzo es grande pero hay que hacerlo»). Ha desaparecido la vida calmada y ordenada que antes tenía, y esto le está pasando factura; al acabar el día ni el ánimo ni las fuerzas la acompañan, las preocupaciones se le amontonan en la cabeza y está irritable. Hace mes y medio, o dos meses, y yendo hacia su trabajo, se le pasó por la cabeza el pensamiento de si habría apagado o no el horno de casa, seguido de imágenes mentales de su vivienda en llama. Los nervios se le dispararon de tal manera que, aunque llegaría tarde al trabajo, dio la vuelta y fue hacia su casa a comprobar el horno, que, por cierto, estaba apagado pero aún caliente de una receta que había cocinado antes de marcharse. Ella a este episodio no le dio mayor importancia, salvo por tener que disculparse por llegar tarde a trabajar y tener que recuperar el tiempo perdido.

Escasamente dos días después se repitió algo parecido:. Amelia llevaba en el coche una documentación muy valiosa de su casa que decidió dejar dentro del coche que aparcó en la calle durante toda la mañana. Necesitaba esa documentación para completar un trámite a media tarde.

A las 8:40 h aparcó el coche y de camino a la oficina se le empezaron a venir a la cabeza pensamientos sumamente molestos y preocupantes en relación al drama que supondría el que le robasen los documentos que había dejado en el coche «Habré cerrado las puertas del coche», «quizás sea mejor llevarme conmigo la documentación». El malestar llegó a tal extremo que no vio otra opción que volver al coche a comprobar que todo estaba en orden. Su nerviosismo remitió mientras verificaba que las puertas estaban cerradas y guardaba en el maletero los papeles.

Pocos minutos después, casi a las 8:50 h y también caminando hacia la oficina, se le comenzó a llenar la mente nuevamente de pensamientos que la perturbaban en relación a si había sido acertada la decisión de hacía unos minutos de no llevarse con ella la documentación que estaba en el coche. Cada paso que daba en dirección al trabajo se acompañaba de pensamientos que le ponían cada vez más nerviosa: «No puedo soportar este malestar». A la carrera volvió al vehículo, cogió los documentos y salió para la oficina, a donde llegó pasados unos minutos de la hora de entrada.

Por la noche le comentó a su marido lo que le había sucedido, lo cual fue motivo de risas por parte ambos; él le aconsejó que no lo diese más importancia. Amelia agradeció mucho la actitud tan comprensiva de su esposo.

El día siguiente fue especialmente tenso en el trabajo. Órdenes imposibles de cumplir y reprimendas del jefe de su departamento fueron parte del repertorio de lindezas de esa jornada. Decidió alargar el horario al haber ocupado la tarde del día anterior con gestiones propias. Era media tarde y se observó revisando varias veces los informes y otros documentos, algo que no solía hacer. Dudó de estar haciendo bien aquello que tantas veces había hecho bien, pues la invadían pensamientos de desconfianza acerca de la calidad de su trabajo y las consecuencias de hacer mal sus tareas, todo lo cual le generó un gran estrés y la llevó a revisar una y otra vez cada una de las tareas de sus órdenes de trabajo.

Llegó a casa tan agotada y desanimada que no le comentó a su marido nada de lo sucedido durante el día, por más que este le explicó lo que él había hecho y le preguntó cómo le había ido. Ella se sintió desconcertada y desanimada a partes iguales mientras que él se quedó sorprendido por la actitud callada de ella, pero sobre todo porque la veía triste y con la mirada perdida.

Varios días después Amelia llamó a su marido para pedirle que se acercara a la dirección donde había aparcado el coche por la mañana y que comprobara si había dejado bien cerradas las puertas, pues estaba en un barrio un tanto conflictivo y como había llegado con la hora justa al trabajo no tenía claro si había cerrado bien. El marido, sin pedir más explicaciones, hizo lo que ella le había pedido, comprobando que todo estaba correctamente en el coche, la llamó y se lo comunicó. Amelia se lo agradeció y le dijo que ahora sí iba poder concentrarse en el trabajo que estaba haciendo sin que nada la perturbara.

El marido la esperó junto al coche a la salida del trabajo; cuando llegó, él le propuso dar un paseo y charlar un rato, a lo cual ella accedió. Él le comunicó la preocupación que tenía al verla triste, callada e incluso distante, en fin, diferente de cómo acostumbraba a ser. Amelia reconoció que no estaba bien y aludió a la sobrecarga del trabajo para acabar confesando las dificultades que desde hacía varias semanas estaba teniendo al llenársele la cabeza de pensamientos que la perturbaban y alteraban su normal funcionamiento, siendo estos episodios cada vez más frecuentes.

«Ella siempre fue una persona alegre, habladora e incluso charlatana, y especialmente fuerte ante las adversidades. Ahora la veo triste, incluso desesperanzada, y en un callejón sin salida. Algo tendré que hacer para ayudarla, pero ¿qué?», piensa el marido de Amelia, que se siente muy afectado por su estado.

Caso 2: Felipe

Felipe es un muchacho joven, empleado desde hace unos años de una empresa de taxis. El trabajo es duro, pues le dedica muchas horas, pero le gusta.

Cada cierto tiempo hace turnos de noche. En uno de ellos, hace 3 semanas, siendo viernes y cuando ya empezaba a amanecer, hizo la que iba a ser la última carrera de la noche. Recogió en la calle a un pasajero que le pidió que lo llevara a una dirección a las afueras de la ciudad. Felipe aceptó, pues era un trayecto largo y rentable que le permitiría hacer algo de caja, pues la noche había sido i poco provechosa. Circulaba por una zona sin viviendas a la vista y con pocos vehículos circulando, cuando el pasajero lo amenazó con una pistola y le exigió que saliera de la carretera y aparcara el coche debajo de un puente de la autopista. Manteniendo la calma tanto como pudo llegó hasta donde le había indicado el pasajero, paró el motor y quitó las llaves. No había pasado ni un segundo cuando le abrieron la puerta del conductor y dos personas lo sacaron del coche a la fuerza y, junto con el pasajero, le exigieron que les diera todo el dinero que tenía. El dinero de las carreras que había hecho esa noche no era mucho y sin dudarlo se lo dio a sus atracadores, los cuales, incrédulos con que ese fuera todo el dinero que tenía, lo agredieron y amenazaron con un cuchillo para presionarlo. Creyó que de esa no salía vivo. Nadie oyó los gritos de dolor por los golpes recibidos. Cuando los delincuentes se fueron, como pudo se subió al taxi y condujo hasta un hospital que conocía bien, pues ya había llevado allí a varios pasajeros. Además de una herida en la cabeza que sangraba bastante tenía un fuerte dolor en el vientre de varias patadas que había recibido. De camino llamó a su hermano informándole de lo que había sucedido. En cuanto llegó al hospital fue atendido en Urgencias.

Afortunadamente la herida en la cabeza era superficial y los golpes recibidos en el vientre no habían dañado ningún órgano interno; le anunciaron que tendría dolores durante varios días y le informaron sobre lo que debía hacer en caso de padecer ciertas alteraciones. Con el alta hospitalaria le indicaron que acudiera a su médico de atención primaria. Su hermano lo llevó a su casa para que estuviera con ellos al menos hasta el lunes siguiente, día en que acudiría a consulta con su médico. De camino Felipe no callaba y repetía una y otra vez que no creía que iba salir vivo del atraco, además de sobresaltarse ante cualquier imprevisto como ruidos intensos o circular teniendo cerca otro vehículo o un frenazo.

Afortunadamente, la empresa de taxis, al comunicarle lo que le había sucedido, se encargó de recoger el taxi en el hospital y poner la denuncia.

Estuvo el fin de semana en casa de su hermano, siendo atendido por él y por su esposa. Su conducta fue cambiando, de forma que cada vez pasaba más tiempo callado y pedía quedarse solo en su habitación. Apenas se incorporaba a la vida familiar, pero sí al menos a la hora de las comidas, en las que tomaba la medicación que le habían prescrito. Comía muy poco, según decía por los dolores en el vientre. No estaba durmiendo bien y cuando se dormía enseguida se despertaba sobresaltado. Se sentía muy cansado y dolorido. Decía tener la cabeza como una «hormigonera», dando vueltas y vueltas sin parar a lo que le había sucedido. Su hermano intentaba conversar con él para distraerlo y lo que conseguía era escuchar de nuevo el relato del atraco y que lo que le apetecía era estar solo.

El lunes acudió a consulta con su médico del centro de salud, gracias a que su hermano lo llevó en su coche. Felipe se sentó en el asiento de atrás, algo extraño, pues siempre, e incluso cuando lo había recogido hacía un par de días en el hospital, se había sentado en el asiento del copiloto. El hermano observó que tenía una postura rígida y una actitud vigilante respecto de todo lo que sucedía a su alrededor, y Felipe le manifestó que se sentía muy incómodo. El médico evaluó su estado, le dio la baja laboral y lo citó para revisión. El hermano le preguntó al médico sobre dónde era aconsejable que estuviera, en su casa, donde vivía solo, o con él, a lo que el facultativo aconsejó que esos primeros días, y de forma temporal, se quedara mejor en casa del hermano. Felipe aceptó. De vuelta a casa se repitió la situación del viaje de ida, llegando incluso a pedirle a su hermano que fuera más despacio.

Una vez en la casa se fue directamente a su habitación, donde permaneció hasta la hora de la cena, en que compartió unos escasos 15 minutos con sus familiares. Durante el día estos intentaban hacer el menor ruido posible y en ningún caso entrometerse en lo que él hacía, horas y horas, solo en su habitación, puesto que la indicación que habían recibido era que estuviera tranquilo.

Los minutos que cada día su hermano trataba de conversar con él le quedaba claro que tranquilo no estaba, que no dejaba de pensar en el atraco y que incluso tenía pesadillas al respecto, que dormía mal y se sentía muy cansado, que le sobresaltaban los ruidos de la calle y que le molestaban sobre todo los coches.

El martes le comunicaron, a través del móvil de su hermano, pues él tenía su teléfono en silencio, que el jueves de esa semana tendría que personarse en la Policía para declarar. La empresa le ofreció llevarlo a las dependencias policiales y cuando acabara de devolverle a casa, pero él no aceptó porque «mi compañero taxista me abrasará a preguntas». Le comunicó a su hermano que iría en autobús.

Los días fueron pasando sin cambios aparentes. Llegado el jueves y a media mañana, estando solo en casa, se preparó para ir a la Policía. Salió después de haber considerado unas cuantas veces la posibilidad de llamar a su hermano para pedirle que avisar a la Policía de que se encontraba muy mal y aplazaran la declaración.

Una vez en la calle se fue a paso ligero hacia la parada del autobús, mirando continuamente a un lado y al otro para ver si se le acercaba alguien. En la parada se colocó a prudente distancia de quienes estaban allí. Al llegar el autobús se subió a él y buscó un asiento en el que sentarse, pero no había, por lo que quedó de pie. En el vehículo había bastante gente y el movimiento de quienes se subían y bajaban era muy intenso. En un momento del viaje observó a dos muchachos que aparentemente habían subido juntos, que se pusieron a hablar en alto de malas maneras discutiendo. Felipe se puso sumamente nervioso y se apeó en la parada inmediata, que aún estaba lejos de la Policía. Los nervios lo atenazaban de tal manera que apenas podía caminar; optó por llamar a su hermano, explicándole con voz temblorosa lo que le había sucedido y pidiéndole que lo pasara a recoger, a lo cual él aceptó. De camino a recoger a Felipe llamó a la Policía y les comunicó lo sucedido, pues la hora de la entrevista ya había pasado. Le ofrecieron otra hora el siguiente martes para la declaración.

Cuando el hermano de Felipe llegó al punto de encuentro, le vio desencajado, y antes de saludarlo o agradecerle que lo pasara a recoger le dijo que así no podía ir a la Policía. El hermano le informó del cambio de fecha, a lo que Felipe respondió con un sonoro suspiro y la petición de que lo llevara a casa.

Felipe seguía viviendo en casa del hermano. Tras días sin cambios aparentes, ni positivos ni negativos, llegó la fecha de la cita con la Policía. De nuevo le pidió al hermano que les dijera que estaba muy mal y que se aplazara la declaración, ante lo cual recibió una firme negativa, después de la cual accedió a que lo llevaran si tan importante era que fuera.

De camino, sentado en los asientos de atrás como en la ocasión anterior, se dirigía a su hermano mientras conducía diciéndole que fuera despacio, que si le decía a la Policía que no se acordaba bien de las caras de los atracadores, ¿le creerían? Y que además no había sido él quien había puesto la denuncia.. Felipe hablaba y hablaba, pero no escuchaba.

Ante la Policía estuvo durante casi una hora; después le pidieron al hermano que entrara también, el cual encontró a Felipe llorando. El agente le explicó que el interrogatorio había sido poco provechoso, pues los nervios apenas le dejaban concentrarse en lo que le preguntaban y cada poco se echaba a llorar, motivo por el cual le solicitaron que les contase él todo aquello que su hermano le había relatado del atraco.

De vuelta a casa Felipe no abrió la boca y su hermano insistió en que la Policía se había sentido satisfecha con la información recibida.

A Felipe se le estaba dejando hacer lo que quisiera y no se le molestaba, todo ello para que estuviera tranquilo, como así se les indicó, a fin de que se recuperara de lo sucedido. La realidad es que con el paso de los días, ya semanas, no mejoraba sino que empeoraba. El día entero lo pasaba en su habitación, salvo a la hora de las comidas, cuando se sentaba a la mesa con su hermano y su mujer. Apenas comía, dormía mal y estaba muy nervioso, además de no querer recibir llamadas ni visitas de nadie. Conversar solo lo hacía con su hermano, que estaba muy preocupado por su futuro si las cosas no cambiaban, y mucho. Este pensamiento atormentaba al hermano. «Este muchacho tenía un buen futuro por delante. Algo tendrá que hacerse para que deje de caer en barrena; de seguir así veo que va a acabar mal, muy mal».

Caso 3: Sara

Sara y su esposo eran dos personas de mediana edad, muy luchadoras; desde hacía años trabajaban juntos en un pequeño negocio familiar. Tenían un hijo, un chico muy responsable, que los ayudaba en su tiempo libre a llevar encargos. «Somos una familia humilde y feliz» decía el marido.

La suerte llamó a su puerta el día que les tocó una importante cantidad de dinero en la lotería; todos sus proyectos e ilusiones se les ponían al alcance de su mano.

El matrimonio no dejó de trabajar del todo, pero ya sin la presión de antaño; ahora podían permitirse lujos que antes estaban fuera de su alcance.

En esta situación, que produce la envidia de todos sus convecinos, el marido de Sara no sabe explicar cómo o cuándo fue que ella empezó a preocuparse con que a su hijo le pudieran secuestrar para pedirles un rescate ahora que disponían de dinero; al principio parecía cosa de broma, pero los conflictos que ello fue generando se convirtieron en el tema alrededor del cual giraba el día a día de la familia. Nadie es capaz de concretar cuál pudo ser el detonante de la insufrible preocupación de Sara y de su férrea actitud en relación a su hijo.

Cierto tiempo después de tocarles la lotería, la actitud de Sara respecto de la seguridad de su hijo fue cambiando; llevaba ya un tiempo exigiendo acompañarlo durante el día allí a donde iba y prohibiéndole que saliera los fines de semana por la noche con sus amigos. Era un calvario para ella y para él, mientras el marido cada vez se sentía más desbordado.

Sin contar con su marido, ella tomó la iniciativa de contratar los servicios de una agencia de detectives que investigó los antecedentes judiciales de los familiares de los amigos del hijo, además de hacer seguimiento para detectar posibles peligros para la seguridad del muchacho. El resultado fue muy impactante para Sara, que vio reforzada su convicción de que su hijo podía ser secuestrado. Había un par de personas, familiares directos de amigos del muchacho, que tenían antecedentes judiciales pero que, por el estilo de vida que llevaban, aparentemente «nunca habían roto un plato». Ante esto, la agencia le hizo varias propuestas para afrontar la situación de riesgo del muchacho.

La preocupación llevó s Sara a pedirle a su marido que acompañase al chico a los lugares y actividades a los que tenía que acudir. Para evitar discusiones, ellos aceptaron, aunque solo salían juntos de casa y caminaban unos minutos hasta que no podían ser vistos desde su domicilio para a continuación separarse. A la hora de la vuelta, padre e hijo quedaban donde encontrarse y llegaban juntos a casa.

Durante unos días esa estratagema funcionó, hasta que Sara fue a comprobar si su hijo estaba solo o iba acompañado por su padre. Al ver que el marido había incumplido su compromiso lo recriminó. En estado de máximo enfado acusó al marido de ser un inconsciente y de no querer a su hijo. Lo informó entonces de los resultados de la investigación de la agencia de detectives, diciéndole que cuando estaba dejando solo al muchacho este se relacionaba con gente que tenía familiares con antecedentes penales. Por si esto no fuera poco, y siguiendo las indicaciones de la agencia, exigió que se controlara lo que hacía el chico y sobre todo con quién iba, y que se le implantara un chip de localización.

Sara dio un paso más y pidió (en realidad contrató) a un primo de su hijo, un poco mayor que él, para que se fuera a vivir con ellos y saliera con el muchacho sin que lo supiesen el marido ni el hijo. Los muchachos no se llevaban mal, pero tenían poca afinidad.

Al esposo de Sara cada vez le estaba quedando más claro que las preocupaciones de ella les estaban llevando a perder absolutamente el control y que «la familia se iba al traste si eso no se reconducía».

Caso 4: Francisco

Francisco, tras unos años en el ejército, se incorpora a la empresa en la que poco a poco ha ido ascendiendo. Su capacidad para trabajar en grupo y el respeto que se ha ido ganando por parte del resto de trabajadores le ha puesto en la posición de poder llegar a estar al frente de la empresa, para lo cual se ha preparado y ha ido subiendo en cargos y asumiendo responsabilidades.

Se le ha nombrado director de operaciones en un momento de gran dificultad para la empresa, puesto que están teniendo una gran subida de los costes de producción mientras que las ventas y los ingresos están cayendo («En este escenario lo que toca es remangarse»).

El dueño de la empresa confía en la pericia de Francisco y cree que sabrá dar los pasos para enfrentar la adversa situación actual, de tal forma que la empresa no solo sobreviva sino que también se fortalezca. Él mismo veía la cantidad de horas que cada día, laborable o no, Francisco pasa en la oficina.

En varios balances mensuales que Francisco presenta a la propiedad de la empresa se observa el impacto de la situación económica general. No siendo halagüeñas las expectativas a corto plazo, se cuenta con cierta liquidez para afrontar los siguientes ejercicios.

Se necesita un plan que reflote la empresa y Felipe ya lo tiene elaborado, plan que, en primer lugar, pondrá en común con el dueño de la empresa. La última reunión no fue como las de presentación mensual de balances; duró varias horas y requirió que cada propuesta se detallara a fin de poder analizar y debatir los pros y contras. Habían sido muchos los años que el propietario de la empresa había dedicado a hacerla grande y para ello había tenido que tratar con un sinfín de personas, lo cual le hacía fácil tener una opinión clara de la solvencia de las propuestas que recibía y la competencia de sus interlocutores. Estaba claro que no era cuestión de dejadez o falta de diligencia por parte de Felipe; pudiera ser que estuviera sobrepasado por la responsabilidad, ya que sus propuestas, inviables en su mayoría, comportaban altos niveles de riesgo. No quedaba otra para el dueño que seguir al menos durante un tiempo con Felipe en el día a día y la planificación de la actividad empresarial.

Felipe se tomó muy en serio el cargo de director de operaciones y su designación fue una decisión fundamentada. Titulado en gestión de empresas, conocía bien la fábrica y el mercado donde operaba, además de contar con el respeto de los trabajadores. Pero, ¿por qué, quien aparentemente contaba con todos los medios para tener éxito en su trabajo, balbuceaba a la hora de hacer sus propuestas y se le veía tan demacrado a pesar de su edad?

Como habían acordado, el propietario de la empresa empieza a compartir con Felipe el día de trabajo y juntos van tomando decisiones. Con el paso de los días Felipe se va sincerando y comparte la gran preocupación que tiene de fracasar en su cometido fallando a la propiedad que confió en él y perjudicando a los trabajadores.

Siempre tuvo un buen estado de salud, pero actualmente cada cierto tiempo sufre fuertes dolores de cabeza que le dificultan la realización de sus tareas. Come porque hay que comer, pero con apenas apetito, de tal forma que se alimenta cuando el estómago le molesta y dispone de cierto tiempo. Sus horas de sueño son pocas e insuficientes, hasta el punto de que no se siente descansado ni cuando se levanta de la cama.

Las jornadas de trabajo son interminables. Cuando llega el propietario lleva ya dos horas en la oficina, lo que también sucede al final del día cuando se queda solo en la fábrica. El dueño observa cómo intenta disimular cuando bosteza y que en numerosas ocasiones le cuesta mantener la concentración, lo que intenta remediar tomando café bien cargado y, con frecuencia, fumando.

Con el paso de las semanas el estado de Felipe se va deteriorando y su rendimiento laboral cada vez es más deficitario, por más voluntad que ponga en cumplir con sus obligaciones; dedica muchas horas a trabajar, pero con muy escaso rendimiento. El propietario le insiste en que ha de tomar muy en cuenta el hecho de que para gestionar una empresa se ha de disponer de información fiable y relevante a partir de la cual adoptar decisiones y además se precisa un buen estado personal; el gestor, y en este caso el director de operaciones, ha de dar ejemplo al resto de trabajadores. Para ello el estado personal es básico.

El propietario de la empresa está tan preocupado por la fábrica como por Felipe, pues ninguno de los dos goza de buena salud, y esto augura un mal futuro para ambos. La propiedad es consciente del mucho esfuerzo y dedicación que Felipe ha venido poniendo en el trabajo que se le ha encomendado, pero sin la necesaria estrategia y planificación el resultado es como está siendo: ineficiente. Los años de experiencia del propietario de la empresa le han enseñado que «esforzarse sin medida llegando a dañar el estado personal es incompatible con el rendimiento laboral» y que para recuperar el buen rumbo de la empresa se requieren iniciativas que faciliten el buen desempeño laboral por parte de Felipe.

Caso 5: Pilar

Pilar, a sus cincuenta y tanto años, siempre ha tenido una salud de hierro, pero uno de esos días soleados e incluso calurosos de hace unas fechas sin previo aviso se sintió mareada a tal punto que creyó que perdería el equilibrio cuando estaba paseando por la ciudad viendo escaparates. Primero se apoyó en la pared para a continuación irse a sentar en un banco de la plaza hasta que el mareo pasó y se fue inmediatamente para casa.

Al llegar le contó lo sucedido a su hijo, con el que vive, y los dos coincidieron en que tenía que acudir a su médico a la mayor brevedad. Pilar realizó las pruebas diagnósticas que le prescribieron y en todas ellas los resultados no detectaron que ella padeciera problema alguno de salud. Durante cierto tiempo decidió salir de casa solo para hacer las compras imprescindibles, a pesar de que su hijo se ofreció a hacerlas por ella.

Con el paso del tiempo Pilar fue poco a poco reiniciando su estilo de vida habitual, haciendo salidas de compras, asistiendo a reuniones con amigas y de vez en cuando yéndose de viaje varios días, pero una cosa había cambiado, pues ella misma se daba cuenta de que estaba muy pendiente de cualquier sensación corporal que le pudiera indicar que podría sufrir un nuevo vahído, lo cual decía aterrorizarla. Esto no lo hablaba con su hijo, pero sí con una de sus amistades, que para ella era una verdadera amiga.

La amiga intentaba quitarle hierro al asunto; le insistía en que no se preocupara y se centrase en disfrutar, pero un nuevo episodio de mareo se repitió estando Pilar y su amiga de camino a reunirse con otras amistades en la cafetería donde habían quedado. Se mareó y desplomó al suelo mientras su amiga intentaba sujetarla, sin llegar a perder la conciencia aunque sí sintiéndose aturdida. La amiga llamó a una ambulancia y la acompañó al hospital. Pilar pasó varios días hospitalizada; le hicieron todo tipo de pruebas y no se detectó nada grave.

De vuelta a casa, se centró en recuperarse y, mientras su hijo hacía las compras para casa, ella restringió sus actividades domésticas y sociales.

Tanto el hijo como la amiga de Pilar vieron bien el que, al menos durante un tiempo, evitara hacer actividades que le pudieran poner nerviosa.

La amiga la visitaba cada dos o tres días y le comentaba sobre las reuniones que el grupo de amigas había tenido en los últimos días; la conversación entre ellas era animada, siendo uno de los temas recurrentes de Pilar el hijo, al que veía muy preocupado por ella, lo cual le hacía sentirse mal, motivo por el cual le pidió a su amiga que si hablaba con el muchacho le transmitiese optimismo sobre su estado.

Había pasado casi un mes y durante este tiempo Pilar no había comentado nada respecto de volver a la vida de antes. Su amiga pasó a visitarla, como habían quedado, y la vio con los ojos llorosos. Pilar comentó que estaba acatarrada, pero acabó sincerándose con ella.

Para intentar descargar al hijo de la tarea de hacer las compras, había estado yendo a la tienda, con desigual resultado. Antes de salir de casa decidía lo que necesitaba comprar y la tienda concreta adonde ir, que necesariamente debía estar cerca de la casa, todo ello con el objetivo de mantenerse el menor tiempo posible fuera, a fin de evitar tener un nuevo episodio de mareo.

Con frecuencia tenía que autoexigirse ir a la tienda, pues antes de salir la atenazaba el temor a sufrir un nuevo desmayo en la calle.

En varias ocasiones se vio en la necesidad de salir prácticamente corriendo de la tienda e ir a casa a «refugiarse», pues empezó a sentir que «la cabeza le daba vueltas». Ese día, en cambio, había sido dramático, le contó a su amiga: «De vuelta de la tienda a casa vi que por la acera venía hacia mí una persona conocida y, pensando que me preguntaría cómo estaba, me he puesto tan sumamente nerviosa que, como pude, aceleré el paso y atropelladamente abrí la puerta del portal, con tan mala suerte que al entrar me tropecé y caí al suelo, dañándome la rodilla derecha. Aunque me duele puedo caminar. Por cierto, a mi hijo no le voy a comentar nada, y por favor tú tampoco lo hagas». A renglón seguido, Pilar le sugirió a su amiga si podía hacerle ciertas compras para evitar salir de casa («Si evito estar mal, estaré bien»).

La amiga le pidió pensarlo, pues no tenía claro que eso la ayudara.

Caso 6: Juan

Puede decirse que Juan es un deportista profesional, aunque tiene una actividad laboral temporal.

Practica pádel desde que tenía 16 años y ahora está obteniendo los mayores éxitos en las competiciones en que participa; sabe que podrá estar a ese nivel de desempeño unos 5 años («Este es mi momento y he de aprovecharlo»).

A lo largo de su carrera deportiva ha tenido tres entrenadores, pero el actual es quien ha estado junto a él más tiempo y con quien ha logrado los mayores éxitos («Todo se lo debo a mi entrenador; me ha apoyado, y como me conoce bien, sabe atemperarme»).

Juan se compenetra a la perfección con su pareja de pádel; después de años compitiendo juntos, cada uno sabe bien lo que va hacer el otro en cada lance del juego. El entrenador siempre ha valorado mucho esta cuestión e insiste en la necesidad de mantener el estado competitivo de ambos.

Gracias a los resultados que han ido obteniendo en varias competiciones nacionales e internacionales tienen varios patrocinadores que dicen apoyarlos incondicionalmente, aunque el entrenador les recuerda que estos vienen y van en función de los resultados.

Juan siempre ha sido muy consciente de la importancia del estado físico para poder aguantar el esfuerzo que suponen los partidos; por ello tiene la rutina de hacer entrenamiento físico siguiendo las pautas de su entrenador todos los días a hora temprana. Durante varias temporadas, desde que empezaba cada partido hasta el final, Juan y su compañero mantenían un buen desempeño físico y un encomiable nivel de concentración; cuando todo iba bien se felicitaban y ante los errores tomaban decisiones estratégicas y nada se dejaba al azar.

Sin embargo, Juan lleva ya varios partidos con un rendimiento desigual, que está detrás de derrotas del todo punto inesperadas. Su entrenador se esfuerza por que recobre la capacidad competitiva anterior y a su compañero le pide paciencia, pues está convencido de que los resultados volverán. El entrenador es muy consciente de que la temporada se acerca al momento crítico que va a decidir la clasificación final y el ser seleccionados o no para participar en eventos de gran interés y repercusión; él mismo tiene claro que a ambos jugadores esta misma cuestión les está rondando la cabeza, aunque de ello nunca se habla.

El entrenador ha quedado tan sorprendido como contrariado cuando ha sabido que desde hace semanas Juan está llevando un plan de entrenamiento que no se corresponde con sus indicaciones.

La pareja de jugadores ha perdido la coordinación y la sangre fría de la que venían haciendo gala en los partidos; antes nada les afectaba en exceso, ni hacer una magnífica jugada ni fallar de forma inexplicable. Eran invencibles, sobre todo porque siempre «estaban en la zona», es decir, no perdían nunca el alto nivel de juego a lo largo del partido. Pero, tras varias derrotas consecutivas, las dudas han afectado, y mucho, a Juan, que ha considerado que la manera de remediar la situación era a cargo de su propio esfuerzo.

Por ello, y además del entrenamiento diario que realiza con su pareja de pádel en horario de mañana, tras la comida, y por su cuenta, ocupa la tarde practicando solo en el frontón o ejercitándose en el gimnasio. Muchos días le cuesta dormir de puro cansancio, pero llegada la hora de levantarse ha de hacerlo, pues su pareja de pádel lo espera para el entrenamiento diario, que afronta cada día con menos energía.

Como llegó a confesar Juan, cada vez se siente más «quemado». Está cansado todo el día, tiene que hacer un gran esfuerzo por mantener la concentración durante los partidos, en los que nota como si sus pies estuvieran pegados al suelo, ya que tarda demasiado en reaccionar en los lances del juego; está sumamente irritable aunque intenta que no se le note, pues le molesta tanto perder puntos por su culpa como la actitud condescendiente de su pareja.

Juan ha llegado a estar en un estado personal tal que se debate entre abandonar el campeonato de esa temporada o intentar sacar fuerzas de flaqueza y acabarlo, para lo cual habría de hacer caso de las indicaciones de su entrenador, y sobre todo ahora que este es conocedor de su indisciplina.

Para el entrenador constituye un gran reto, ya que nunca a lo largo de su trayectoria profesional se había encontrado con una situación similar, pues la confianza mutua y el respeto de los jugadores a sus instrucciones nunca se habían vulnerado, siendo esto posiblemente una clave esencial de los éxitos deportivos cosechados. El reto es: ¿cómo remediar el daño causado y recuperar en un tiempo récord al excelente deportista que era Juan?

QUÉ FUNCIONA

«Inteligencia es la capacidad de dirigir bien el comportamiento, eligiendo las metas, aprovechando la información y regulando las emociones».

José Antonio Marina Torres

Con frecuencia los psicólogos recibimos de personas con las que se tiene cierta amistad o confianza peticiones informales de orientación en relación a allegados suyos o a ellos mismos. («Estoy preocupado por mi sobrino, pues últimamente...». «¿Qué debería hacer?»).

Los psicólogos sabemos bien que en estas situaciones lo primero es determinar si la persona tiene diagnosticado algún trastorno psicopatológico o si el curso de sus alteraciones se corresponde con alguna psicopatología o hay peligro para su integridad o para las personas con las que se relaciona; solo en el caso de no darse esas circunstancias, damos orientaciones que faciliten el automanejo de las dificultades que se están teniendo para propiciar la reducción de dichas alteraciones.

√ **Se suele decir que la conducta humana es complicada. La psicología está aportando tal cantidad de investigación, conocimiento y aplicaciones prácticas y por tanto, toda iniciativa que quiera modificar la conducta que una persona tiene ha de tomar muy en cuenta sus aportaciones.**

Tomando en cuenta esto, veamos cómo el Análisis Funcional del Comportamiento (descrito en el capítulo 3) puede ayudar a desvelar las claves de lo que les sucede a las seis personas del capítulo anterior y, a partir de ahí, qué iniciativas de autoayuda les son de utilidad.

Caso 1. Amelia

Es más que posible que el cambio en la situación personal de Amelia a consecuencia de la pérdida de empleo de su esposo sea lo que la ha llevado progresivamente a un estado personal con altos niveles de activación fisiológica (estrés), fruto de la sobrecarga de trabajo que tiene, y esto le pueda haber causado una vulnerabilidad ante pensamientos alarmantes que se agudiza cuando aumenta su nivel de estrés.

Los episodios que actualmente sufre se caracterizan por el proceso comportamental siguiente:

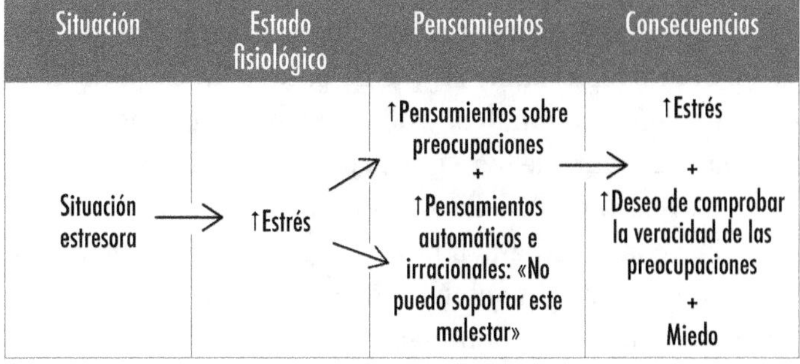

Cuando se le presentan situaciones que hacen que aumente su nivel de activación fisiológica de forma significativa, como los picos de trabajo y las interacciones conflictivas, a wAmelia se le disparan dos tipos de pensamientos: los que aluden a preocupaciones sobre posibles desgracias o eventualidades negativas, y pensamientos sobre lo insoportable que le resulta el malestar que está sintiendo. Esto trae como consecuencia que su nivel de estrés aumente, que tenga una intensa sensación de miedo, y sobre todo que desee comprobar la veracidad de aquello que le preocupa.

Esto último, comprobar la veracidad de aquello que le preocupa, la llevará a percibir una intensa y gratificante sensación de alivio, caracterizada por una reducción tanto de su nivel de estrés como de la presencia de pensamientos preocupantes en su mente.

Esta es una estrategia con buenos resultados a corto plazo, pero no lo es una vez que ha pasado un cierto tiempo, a veces solo unos minutos, y de nuevo se le presenta una situación estresora que hará que el proceso se repita.

En el caso de Amelia fue su marido quien se interesó por saber cómo podía ayudarla. Lo primero fue que entendiera que ella solo intentaba reducir el malestar que sentía cuando su mente era dominada por pensamientos de posibles desgracias o eventualidades negativas.

El esposo entendió que, al igual que él, a lo largo de la vida Amelia habría tenido pensamientos de ese tipo en numerosas ocasiones, que entonces no le produjeron mayor malestar ni la llevaron a tener que comprobar su veracidad. ¿Por qué ahora sí? Pues porque su nivel de estrés actual es alto, lo que le hace ser más vulnerable al impacto de dichos pensamientos, y a medida que les ha ido dando credibilidad, e incluso comprobándolos, los ha asociado a altos niveles de estrés. De esta manera, cada vez que en su mente le aparece un pensamiento de este tipo su nivel de estrés aumenta de forma exponencial y esta relación se incrementa y consolida cada vez que se da.

Por tanto, de seguir así Amelia se expone a que progresivamente se asocie con altos niveles de estrés cualquier otro tipo de pensamientos que tenga, como por ejemplo creer que los cubiertos no estén lo suficientemente limpios y puedan contaminar a su familia, o que pueda estar sufriendo, ante la presencia de molestias, una enfermedad.

Querido lector; tengo la impresión de que ya te imaginas cuál es la indicación que ha de hacérsele al esposo de Amelia.

- Objetivo a lograr: que los pensamientos que ahora tanto le están alterando pasen a afectarla como lo habían hecho antes en su vida, es decir, sin que les dé mayor importancia.

- Proceso a seguir: Amelia, cuando se le vengan a la mente los pensamientos atemorizantes ha de reducir el nivel de estrés que le producen pues no puede comprobar que lo que le preocupa ha sucedido.

Procedimiento:

1. Amelia practicará la Respiración Terapéutica Personalizada hasta que logre dominar la técnica y con ello manejar su nivel de estrés.

2. Cada vez que en su mente se le presente un pensamiento atemorizante se relajará haciendo uso de la Respiración Terapéutica Personalizada y se centrará en la actividad que esté haciendo. Dará tiempo a que el pensamiento desaparezca o deje de incomodarla y en ningún caso comprobará lo le preocupa (desensibilización).

La sólida relación de pareja que tienen Amelia y su esposo será la base sobre la que se articulará la ayuda; él acompañará a Amelia en sus sesiones de entrenamiento de la Respiración Terapéutica Personalizada y tomará nota de los niveles de relajación que ella vaya logrando.

Una vez dominada la técnica, Amelia y su esposo compartirán las anotaciones que ella misma hará en un registro. En cada episodio que tenga de pensamientos alarmantes usará la Respiración Terapéutica Personalizada para relajarse y en ningún caso comprobará si lo que la preocupa sucede. Así y de forma progresiva, los pensamientos alarmantes que vaya teniendo le irán causando un menor nivel de estrés e irán apareciendo en su mente cada vez con menor frecuencia (desensibilización).

Se trata de revertir el mecanismo de sensibilización que vincula mayores niveles de estrés a los pensamientos alarmantes que aparecen en la mente de Amelia y para los cuales ella quiere comprobar su veracidad.

La pareja que forman Amelia y su esposo representa la fortaleza necesaria para que ella y ambos hagan lo que se precisa para recuperar su calidad de vida, a pesar del esfuerzo que se requiera.

EPISODIO DE PENSAMIENTO ALARMANTE

Día y hora:	
Situación (dónde estaba, qué hacía, quienes estaban...):	
Pensamientos:	
Deseo de comprobar (intensidad máxima)	Relajación (nivel obtenido)
0 .... 5 10	0 .... 5 10
Duración del episodio: .... minutos	

Caso 2. Felipe

La situación traumática que vivió Felipe detonó una cadena de acontecimientos que han supuesto una disfunción en su vida.

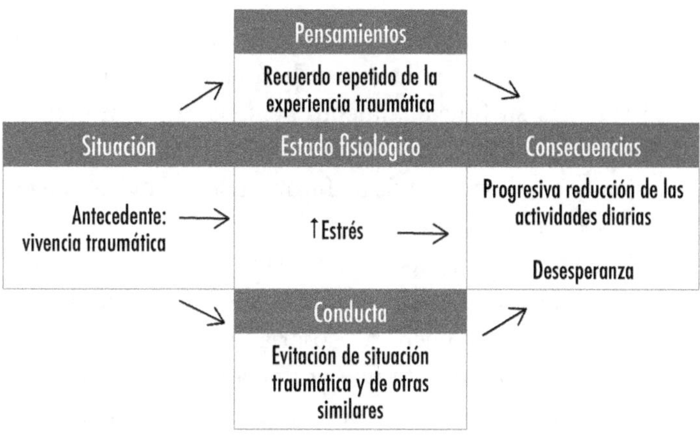

Desde ese día fatídico, Felipe ha sido atracado en cientos o miles de ocasiones, puesto que recordar dicho evento tiene neurológicamente un efecto similar a la vivencia real, reforzando la asociación de dicha vivencia con el aumento exponencial del nivel de activación del eje neural (capítulo 5), de tal forma que cada vez que lo recuerda el nivel de estrés que siente es mayor.

Felipe no decide traer a su mente el recuerdo de la experiencia traumática vivida; esta invade su pensamiento una y otra vez mientras él se queda absorto, desconociendo los efectos negativos que esto tiene y sin saber qué hacer para reconducir el enorme sufrimiento que experimenta, salvo evitar toda situación que se asemeje al evento traumático y alejarse de cualquier circunstancia donde sienta malestar. El alto nivel de estrés que experimenta de forma continuada le expone a desarrollar un proceso de sensibilización, de tal forma que situaciones que han sido neutras a lo largo de su vida se conviertan para él en situaciones estresoras.

¿Qué consecuencia va a tener esta decisión? Pues la de estar tranquilo, no. De hecho su hermano ve como reduce cada vez más su funcionamiento personal, que en nada se asemeja al que fue durante toda su vida; asimismo, escucha la visión que Felipe tiene de su futuro, que es la viva imagen de la desesperanza.

El hermano de Felipe se mueve entre tirar la toalla, decirle lo que piensa sobre la actitud de abandono que tiene, o preguntar a quien le pueda asesorar a fin de ayudarlo a salir de este sinsentido, puesto que por otra parte es consciente de que las últimas semanas están afectando a su esposa, que también vive la situación día a día.

Es más que probable que Felipe vaya a poner todo tipo de objeciones a colaborar con su hermano en cualquier iniciativa de cambio de su actual estilo de vida, caracterizado por el sedentarismo, el aislamiento social y la inactividad. Por tanto no queda otra que ir al paso que pueda asumir pero en la dirección adecuada, lo que conlleva que el hermano le dedique un cierto tiempo cada día durante días y semanas.

- Objetivo a lograr: ir normalizando el estilo de vida de Felipe.
- Proceso a seguir: de forma progresiva ir realizando todas aquellas actividades que conformaban su día a día en su vida anterior.

Procedimiento:

1. A Felipe se le requerirá que colabore en tareas domésticas, como arreglar su habitación o lavar la vajilla tras la comida.

2. Entrenará las técnicas de Respiración Terapéutica Personalizada y Relajación Muscular progresiva, con la colaboración de su hermano.

3. Una vez vaya mejorando con el manejo de dichas técnicas, Felipe y su hermano harán un listado de las situaciones que ha de dejar de evitar y que se ordenará por el nivel de dificultad que Felipe atribuye a cada una de ellas.

4. Siguiendo las pautas de la Desensibilización Sistemática, y con el apoyo de su hermano, Felipe irá exponiéndose de forma progresiva a cada una de las situaciones de la lista hasta que le resulten tolerables, es decir, hasta que no le produzcan malestar.

Sobre el papel esto resulta sencillo, y lo es, puesto que la dificultad estriba en que Felipe acepte exponerse de forma adecuada a situaciones que disparan su nivel de estrés, lo cual es algo de todo punto imprescindible para su recuperación. Está claro que será la influencia que su hermano tiene sobre él, el que este lo acompañe en el proceso a seguir, y que se den los pasos de forma adecuada, lo que hará que Felipe transite el camino que le permita recuperar la vida que tenía, y de paso que también su hermano y esposa recuperen la suya.

Caso 3. Sara

¿Cómo puede ser que la fortuna se haya convertido en un absoluto infortunio?

Situación	Estado fisiológico	Conducta	Consecuencias
Toca la lotería ⟶ Cambio de estilo de vida	↑Estrés ⟶	Exigir medidas de vigilancia que impiden la vida normalizada del hijo ⟶	Conflictos familiares ⟶ Terror
	Pensamientos «Van a secuestrar a mi hijo»		

El hijo y el marido aceptan todas las exigencias de Sara que ven razonables, al menos en cierta manera.

El muchacho acepta llamar a su madre cada hora cuando está fuera de casa, y asimismo acepta fijar la hora de vuelta a casa. Acepta celebrar su cumpleaños en la casa familiar para que así la madre pueda conocer a sus amigos. Acepta decirle cuáles son los amigos con los que va a estar cuando esté fuera de casa. Acepta todo lo que para su madre suponga un alivio a sus preocupaciones.

El marido de Sara ha intentado proteger a su hijo en la medida de lo posible frente las exigencias de su madre, pero tiene la sensación de que el muchacho está asumiendo tareas y obligaciones de todo punto fuera de lo aceptable. Y además, cada vez lo ve más apagado y ha empezado a tener problemas con sus estudios, a pesar de haber sido siempre un estudiante ejemplar, y está teniendo dolores de cabeza que, con cierta frecuencia, le dejan postrado en la cama.

A pesar de esto, Sara sigue proponiendo nuevas exigencias, y la última es que al muchacho se le inserte un chip localizador, como le sugirieron los de la agencia de detectives.

El marido de Sara es consciente de que nada es suficiente para que la preocupación deje de martirizar a su mujer y que esto afecta muy negativamente al resto de la familia, a pesar de lo mucho que Sara los quiere, y a su hijo muy en particular.

El marido le señala a Sara la buena disposición del hijo ante toda petición que ella le hace con el objetivo de que se alivien sus preocupaciones; asimismo le recuerda las alteraciones que el muchacho está empezando a tener, que es más que probable que estén motivadas por la situación familiar. Por ello, le indica que como padres deben hacer cuanto sea necesario para ayudar al muchacho.

Sara y su marido acuden a la consulta de un psicólogo.

Caso 4. Francisco

¿La situación de la empresa es muy complicada o es el estado de Francisco lo que está dificultando que su dedicación dé resultados?

La responsabilidad que ha asumido le está generando altos niveles de estrés y pensamientos automáticos e irracionales, todo lo cual le está llevando a tomar decisiones que no están favoreciendo el logro de sus objetivos. Ante esta evidencia opta por dedicar diariamente diez o más horas de trabajo, también los sábados, con un horario escasamente estructurado y sin descansos.

Su autocuidado es deficitario, con un sueño no reparador y una alimentación inadecuada; se siente cansado y tiene que esforzarse sobremanera para mantener la concentración, lo que intenta compensar tomando café en exceso y fumando.

El propietario de la empresa ha tomado la decisión de colaborar con Francisco y considera que, sin lugar a dudas, planificación y autodisciplina son esenciales para sacar el mejor provecho de las habilidades personales.

- Objetivo a lograr: que Francisco mejore su estado personal y su rendimiento laboral.
- Proceso a seguir: establecer entre Francisco y el propietario de la empresa el plan de trabajo y el régimen de actividades diarias de Francisco.

Procedimiento:

1. Francisco diariamente comentará con el propietario el cumplimiento del régimen de actividades diarias y eventualidades surgidas.
2. Francisco diariamente coordinará con el propietario el desarrollo de tareas y los resultados del plan de trabajo acordado.

3. Francisco entrenará la técnica de Respiración Terapéutica Personalizada; la usará cuando note que su nivel de activación fisiológica y cognitiva es excesivamente alto.

La expresa y manifiesta muestra de apoyo de la propiedad a Francisco confronta sus pensamientos automáticos, irracionales y catastrofistas, a lo que se añade la firme posición de la empresa respecto de la necesidad de tener claro a dónde se quiere llegar y planificar todos y cada uno de los pasos a dar, cuidando que sean asumibles y que vayan en la dirección establecida.

El propietario de la empresa sabe que la autodisciplina que Francisco ponga en cumplir con todo lo que acuerden está en la base de los buenos resultados que pueda obtener en relación a su estado personal y su rendimiento laboral.

- Primer acuerdo: régimen de actividades diarias; las horas de las comidas han de respetarse, así como la hora de ir a dormir, tener las horas necesarias de sueño se facilita y se ha de dedicar tiempo a actividades de ocio o actividad física, y todo esto porque mantener un estilo de vida saludable es imprescindible.

- Segundo acuerdo: organización de las horas de trabajo, lo cual supone determinar los tiempos de trabajo y los de descanso dentro de la jornada laboral.

- Tercer acuerdo: regular el consumo de café y tabaco conforme a la iniciativa de Francisco.

Caso 5. Pilar

Posiblemente fue un motivo circunstancial el causante del desmayo que le acarreó a Pilar serias limitaciones en la vida personal, fruto de las decisiones que tomó a partir de entonces.

Situación	Pensamientos	Estado fisiológico	Conducta	Consecuencias
Antecedente: desmayo estando en la calle	«Me voy a desmayar»	En la calle, percepción de molestia física. ↑Estrés	Irse a casa	↓Estrés + Sensación de alivio

Estando en la calle, la actitud de hipervigilancia de la aparición de cualquier molestia como señal de alarma de un inminente mareo o desmayo le ha causado episodios de alto nivel de estrés, y para reducirlo optó por irse a su casa, hubiera realizado o no las tareas que tenía previsto hacer. Una vez en casa el nivel de estrés se atemperaba y la sensación de alivio daba por buena la decisión tomada.

Pensamientos	Estado fisiológico	Conducta	Consecuencias
«Cuando esté yendo a la tienda me voy a marear»	↑Estrés	No salir de casa	↓Estrés + Sensación de alivio

Cada vez con más frecuencia, Pilar, teniendo previsto salir y aún no habiendo salido de casa, tiene pensamientos anticipatorios de que va a marearse estando en la calle de camino a la tienda; su nivel de estrés aumenta y a renglón seguido se plantea salir o no.

Si la decisión es aplazar el ir a la tienda, el estrés se reduce y le genera una reconfortante sensación de alivio. En caso contrario, y desde que pone un pie en la calle, tiene un alto nivel de estrés que fomenta la posibilidad de percibir alguna molestia.

Pilar y su amiga que la visita regularmente conversan acerca de la situación, con el compromiso de dejar al margen a su hijo, a fin de no preocuparle. En realidad a la amiga nada de lo que comentan le es del todo extraño, pues años atrás ella sufrió un evento sumamente traumático. Casada desde hacía unos años y con un hijo de corta edad perdió a su marido en un accidente de tráfico; recuperarse no fue tarea fácil; requirió de consulta con un psicólogo para afrontar la dramática situación personal que de repente se le presentó y llevar adelante la crianza de su hijo.

La pérdida de calidad de vida que Pilar está teniendo le causa gran preocupación a la amiga, que toma la iniciativa de proponerle dar pasos en la dirección adecuada para reconducir la situación, para lo cual solicita asesoramiento.

- Objetivo a lograr: que Pilar vuelva a realizar las actividades que antes formaban parte de su día a día.
- Proceso a seguir: que de forma progresiva vaya realizando las actividades que le eran cotidianas.

Procedimiento:

1. Pilar entrenará la técnica de Respiración Terapéutica Personalizada.
2. Las dos harán un listado de las actividades que Pilar realizaba de forma cotidiana y que ya no hace, ordenándolas por nivel de dificultad.
3. La amiga de Pilar confrontará los pensamientos anticipatorios de esta.

Siguiendo las pautas de la Desensibilización Sistemática, Pilar, con el apoyo de su amiga, irá afrontando de forma progresiva cada una de las actividades recogidas en la lista hasta que le resulten tolerables, es decir, hasta que no le produzcan malestar.

La amiga de Pilar se interesará por los logros que esta vaya obteniendo en su entrenamiento de Respiración Terapéutica Personalizada. A medida que vaya dominando está técnica, ambas determinarán las actividades ocupacionales y sociales que Pilar habrá de recuperar y asimismo enfrentarán los pensamientos anticipatorios como lo que son: fruto del miedo y no un reflejo de la realidad.

El resultado último dependerá en gran medida del apoyo de la amiga; por ello es de utilidad que el afrontamiento (Desensibilización Sistemática) de cada actividad de la lista se realice en dos fases.

En la primera fase, Pilar realizará la actividad de la lista que corresponda acompañada de su amiga, hasta que experimente un bajo nivel de estrés; seguidamente llevará a cabo dicha actividad estando sola hasta que la pueda hacer en estado de relajación. En ambas fases Pilar se ayudará de la técnica de Respiración Terapéutica Personalizada para facilitar el estado de relajación.

Caso 6: Juan

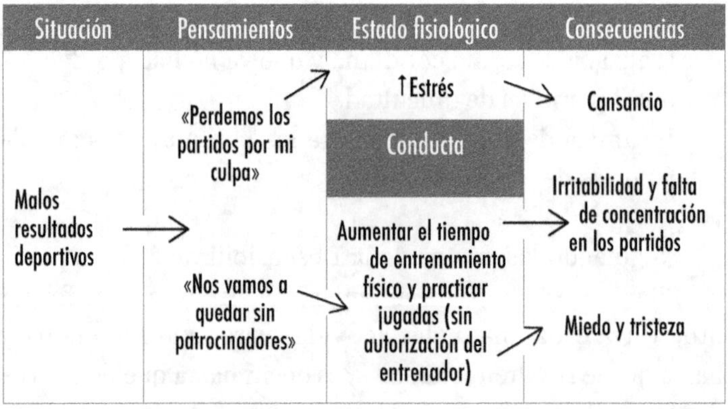

Los pensamientos automáticos e irracionales que han ido inundando la mente de Juan le han llevado a hacer aquello que todo deportista, y sobremanera profesional, tiene terminantemente prohibido, como es desatender las instrucciones de su entrenador.

Esta es la capacidad de influencia que sobre el comportamiento de una persona tienen dichos pensamientos. Aparentemente son el normal y esperable resultado de situaciones adversas, pero en realidad son el detonante de las malas decisiones.

Los pensamientos que Juan dice tener son un buen ejemplo de pensamientos distorsionados, y por tanto automáticos e irracionales, promovidos por creencias irracionales: autoexigencia excesiva, catastrofismo y expectativas negativas de futuro. El entrenador lo tiene claro y es muy consciente que sus iniciativas para recuperar a su jugador pasan por hacer que este respete su autoridad y sus indicaciones, aunque también esto se va a requerir.

- Objetivo a lograr: que Juan recupere el nivel de juego que tenía al inicio del campeonato.
- Proceso a seguir: adoptar iniciativas para la mejora de su estado físico y psicológico.

Procedimiento:

1. Recuperación de hábitos saludables de estilo de vida.
2. Análisis de pensamientos y actitudes en relación al siguiente partido y campeonato.
3. Práctica de las técnicas de Respiración Terapéutica Personalizada y Relajación Muscular Progresiva.
4. Cumplimiento del plan de entrenamiento deportivo asignado.

Juan informará diariamente a su entrenador sobre su día anterior, al menos en relación a las actividades que ha llevado a cabo, a su alimentación y al patrón de sueño de la última noche: hora de acostarse, hora de dormirse, número de horas de sueño, número de veces que se ha despertado, nivel de descanso logrado 0-10, etc.

El entrenador y Juan diariamente analizarán y debatirán sobre los pensamientos y las actitudes que éste tenga respecto al siguiente partido y hacia el campeonato.

Juan entrenará las técnicas de Respiración Terapéutica Personalizada y Relajación Muscular Progresiva, y usará la Relajación Muscular Progresiva antes de dormir y la Respiración Terapéutica Personalizada cuando note que su nivel de activación fisiológica y cognitiva es excesivamente alto.

El entrenador asignará a Juan el plan de entrenamiento deportivo que este ha de cumplir.

Entrenador y jugador serán «como una piña» para que Juan recupere su estado personal y esto le permita volver a tener el rendimiento deportivo que tantos éxitos le había dado.

EPÍLOGO

Seguro que para ti es tan importante tener un buen estado personal como manejarte de forma satisfactoria en las distintas situaciones que vives; esta positiva dinámica está en tus manos en tanto que por una parte requiere que tomes buenas decisiones y por otra que dispongas de las necesarias habilidades para desenvolverte adecuadamente en el día a día.

A este fin es clave la habilidad del manejo del estrés, puesto que como es buen sabido redunda en el cuidado del estado personal.

Lo que no es tan conocido es la influencia del estrés en la toma de decisiones; un alto nivel de estrés propicia decisiones poco reflexionadas, movidas más por la impulsividad y la búsqueda de aliviar el malestar a cualquier precio. Acondicionar el nivel de estrés permite analizar con el debido detenimiento las eventualidades que nos preocupan, valorar los pros y contras de cada posible decisión que al respecto se pudiera tomar, y optar por aquella que resulta más satisfactoria. Toda buena decisión trae notables beneficios y para ello el manejo del estrés es clave.

La investigación científica ha desarrollado las técnicas que permiten hoy en día adquirir un buen manejo del estrés y hacer uso de dicha habilidad tanto para favorecer el estado personal como para potenciar el rendimiento; el objetivo de este libro es poner a tu disposición dichas técnicas.

KOLIMA
BOOKS